서울역사구술자료집 ⑮

서울은 지금 공사중

– 서울을 바꾼 공무원들 이야기

일러두기

1. 이 자료집은 2016년 "1960년대 서울시정과 공무원들"과 2017년 "서울시정과 공무원들", 2018년 "서울시정과 공무원들(교통·도시기반시설)"이라는 주제로 채록된 5건의 구술녹취문 중 핵심 내용을 발췌하여 편집하였다.
2. 이 자료집은 각 구술자들로부터 자료이용 및 도서발간에 대한 동의를 받은 후에 발간하였다.
3. 이 자료집은 독자들이 쉽게 읽고 이해할 수 있도록 구술 내용을 크게 훼손하지 않는 범위 내에서 편집자가 편집·정리하였다. 면담자의 질문은 본문 중 글씨체를 달리하여 표시하였다.
4. 구술 내용 중 구술자의 본능적인 놀람이나 느낌, 부름, 응답 따위를 나타내는 감탄사와 반복되는 단어들은 생략하였다.
5. 구술 내용 중 사실을 재확인하거나 독자의 이해를 돕기 위해 설명이 필요한 부분은 각주를 달아 표시하였다.
6. 본문 중 구술적 성격을 표시하기 위한 편집기호들은 다음과 같다.

   " " 구술 내 인용문

   ( ) 사투리나 잘못된 외래어 등을 표준어로 고친 것, 문맥상 지시어나 설명

   …… 구술이 중단되거나 구술자가 틈을 두고 이야기할 때

   ! 구술자가 감탄할 때

   (중략) 구술이 이어지지 않고 앞뒤에서 생략되었을 때
7. 숫자는 천 단위로 쉼표를 넣었다.

   예) 100만 5,678명, 3,500명 등

서울역사구술자료집 ⓯

서울은 지금 공사중

– 서울을 바꾼 공무원들 이야기

서울역사편찬원

발간사

서울역사편찬원에서는 2009년부터 구술채록사업을 실시하고 있습니다. 구술채록의 목적은 서울시민과 공무원들의 다양한 체험과 기억을 채록·정리하여 문헌사료의 제약과 공백을 보완하는 한편, 훗날 서울역사연구를 위한 자료를 다양하고 풍부하게 생산하는 데에 있습니다. 그중 흥미롭고 유익한 자료를 발췌·편집하여 《서울역사구술자료집》이라는 책자로 시민 여러분께 돌려드리고 있습니다.

구술자료집은 시민들이 쉽고 친근하게 접할 수 있는 책입니다. 다소 딱딱하거나 지루한 주제라도 현장에서 직접 활동했던 사람들의 목소리로 들을 때는 좀 더 생생한 역사의 숨결을 느낄 수 있습니다. 그렇지만 개인의 삶은 주관성을 띠게 마련이며, 그것을 재현해 낼 때 일부 왜곡을 피할 수 없습니다. 문헌자료도 마찬가지입니다. 그렇기에 역사가들은 엄격한 사료 비판을 거칩니다. 구술도 역사 자료로 활용할 때에는 더 엄격하게 검증과 사료 비판을 거쳐야 할 것입니다.

독자는 구술자가 특정 사안을 어떠한 방식으로 기억하고 이야기하는가에 주목하시면 좋을 듯합니다. 구술자가 어떤 부분을 의도적으로 강조하는지 혹은 은폐하는지, 그 행간에 가려진 목소리를 들으신다면 구술자와의 쌍방향 소통을 체험할 수 있을 것입니다. 또한 공식화된 기억 너머, 구술자 고유의 체험과 목소리를 들으실 수 있을 겁니다.

이번에 출간하는 《서울역사구술자료집》은 서울시의 각종 건설사업을 담당했던 공무원들의 이야기를 담았습니다. 1960년대 이후 경제개발이 본격화되면서 한국 사회는 하루가 다르게 바뀌었습니다. 그리고 그 중심지인 서울은 더욱더 변화하였습니다. 서울 시민들의 일상도 빠르게 바뀌었습니다. 이러한 변화는 각종 통계지표뿐만 아니라 실제 삶 속에서 접하는 것들을 통해서도 느낄 수 있었습니다. 지금 걷고 있는 길, 건너고 있는 한강 다리, 타고 있는 지하철, 마시고 있는 수돗물, 그러한 것들이 바뀌면서 시민들은 변화상을 느꼈습니다.

즉 이 시기 한국의 변화상, 그리고 그것의 중심부인 서울의 변화상을 온전하게 알기 위해서는 당시 현장의 모습에도 주목해야 합니다. 서울의 도로를 닦고, 한강의 다리를 만들고, 지하철을 만들고, 상하수도 시설을 건설하던 공무원들의 이야기가 바로 그러한 것들입니다. 본 구술자료집을 통해 이러한 당시 건설 현장에서 활약했던 서울시 공무원들의 모습을 생생히 엿볼 수 있을 것입니다.

마지막으로 구술에 참여해 주신 여러분과 구술채록사업을 진행해주신 면담책임자와 구술채록 과정에서 많은 도움을 주신 관계자 여러분, 자료집의 편집과 발간을 진행한 서울역사편찬원 연구원들의 노고에 깊이 감사드립니다.

2022년 11월

서울역사편찬원장 **이상배**

| 차 례 |

강남 개발이 되니까 땅값이
몇십 배가 올라갔어요

물속으로 들어가는 다리를
만들라고 지시가 온거죠

개발이 시작되면서
능률성이 강조되었어요

이야기를 시작하며

1960~1980년대에 이르는 시기 서울은 큰 변화를 겪었다. 인구는 1960년 244만 명에서 1970년에는 543만 명, 1980년에는 836만 명으로 3.4배 증가하였다. 매년 30만 명씩 증가한 셈이었다. 한국 경제는 매년 10% 가까이 성장하였다. 그리고 1986년 아시안게임과 1988년 올림픽을 준비하면서 서울은 건설에 건설을 거듭했다.

서울은 경제개발을 바탕으로 이룩한 도시의 근대화를 구체적으로 보여주는 공간이었다. 판자촌의 공간으로 대변되던 청계천이 복개되었고, 그 위로는 고가도로가 지나갔다. 논밭과 과수원이 있었던 강남은 영동지구와 잠실지구로 개발되면서 대규모 아파트 단지가 들어섰다. 한강 주변에는 자동차 전용도로가 만들어졌고, 그 사이에는 많은 다리들이 건설되었다. 땅속 지하에는 지하철이 달렸다. 상하수도 보급과 하수처리장 건설도 함께 이뤄졌다. 정부가 내세웠던 '조국 근대화'는 이렇게 완성되고 있었다.

시민들의 삶도 변했다. 1962년 106달러 정도였던 1인당 GDP는 1977년에는 1,055달러, 1989년에는 5,817달러로 증가하였다. 그리고 2021년에는 3만 5,000달러로 선진국 반열에 우뚝 올라섰다. 일제강점기를 거쳐 6·25전쟁으로 잿더미가 되었던 서울은 한강의 기적을 일궈냈고, 올림픽을 개최할 수 있는 경제적 역량을 가진 도시가 되었다. 또한 시민혁명을 통해 군사독재를 종식시켰고, 민주주의를 바탕으로 시민의 역량을 더욱 발휘할 수 있는 도시로 나아갈 수 있게 되었다.

그런데 이러한 변화는 그 시대를 살았던 시민들의 하루하루 일상 속에도 존재했다. 출퇴근과 등하교를 위해 다녔던 도로, 한강을 건넜던 교량, 시민의 발이 된 지하철, 매일 마시는 수돗물, 시민들이 배출하는 생활하수를 처리해주는 하수처리장, 하루하루의 일상에서 시민들과 함께 하는 것들이다. 너무나 당연하고 일상적인 존재들이지만 하루라도 없어서는 안 되는 것들이다. 새롭게 만들어진 도로, 새롭게 건설된 한강 교량, 새롭게 개통된 지하철, 새롭게 개장한 공원, 새롭게 부설된 상하수도, 이러한 것들을 통해 시민들은 일상 속에서 삶의 변화를 느낄 수 있었다.

그렇다면 그러한 변화의 실무를 담당했던 이들은 누구였을까? 정치인이나 고위 관료, 혹은 기업인을 뽑을 수도 있다. 하지만 거시적 차원이 아닌 미시적인 실무 차원에서 그것을 살펴본다면 현장에서 활동했던 공무원들을 뽑을 수 있겠다. 이 책은 이러한 역할을 담당했던 서울시 공무원 5명의 구술을 담았다. 이들은 서울의 개발이 본격화되었던 1960년대를 시작으로 1980년대까지 고도성장기 서울의 각종 건설 현장에서 지휘와 감독 업무를 담당하였다.

제1장은 박만석 전 서울시 하수국장의 이야기이다. 그는 1933년생으로 서울시 건설국 하수과에서 근무를 시작하였고, 하수계장과 치수과장을 비롯해 하수처리사업소 소장과 강남구 도시정비국장 그리고 서울시

도시계획국 구획정리과장 등을 역임했다.

그는 1966년 하수처리장 건설에 필요한 AID 차관을 얻는 작업을 담당하였고, 미국대사관과 유솜USOM을 통해 350만 달러의 차관을 받았다. 그런데 당시에는 하수처리에 대한 인식 부족으로 사업이 제대로 추진되지 못하였다. 결국 4년이 지난 1970년이 되어서야 하수처리장 공사를 시작할 수 있었고, 그사이 물가상승으로 인해 추가로 280만 달러의 차관을 더 얻어야 했다.

한편 1968년 1·21사태 이후 서울의 개발 사업은 군사적 목적이 반영되었다. 청와대를 보호하기 위한 북악스카이웨이를 비롯해 폭격으로 기존의 한강 교량들이 파괴되어도 그 밑으로 한강을 건널 수 있도록 만들어진 잠수교 등이 그러했다. 이 가운데 구술자가 담당한 사업은 송파대로 건설이었다. 당시 송파대로는 기존과 달리 최단거리의 직선도로로 설계되었는데, 이는 유사시 군용으로 편리하게 사용할 수 있도록 하기 위함이었다고 구술자는 말해주고 있다. 또한 필요한 예산은 도로 주변의 구획정리를 통한 체비지 매각대금으로 충당할 수 있었다고 회고하였다.

그는 1966년 《서울시하수도백서》를 만드는 일도 담당했다. 그때까지도 서울시에는 하수도에 대한 종합적인 자료가 없었다. 때문에 구술자는 학교 동창들과 함께 일제강점기 소책자나 광복 후 내무부에서 만든 보고서 등 단편적으로 흩어져 있던 자료들을 수집해 백서를 편찬하였다. 이러한 그의 노력 덕분에 서울시 하수도 업무는 보다 체계적으로 추진될 수 있었다.

제2장은 손의창 전 서울시 청계천 복개공사 보조감독의 이야기이다. 그는 1934년생으로 서울시 임시직으로 공무원 생활을 시작하였고, 이후 1950년대 청계천 복개공사의 보조감독으로 근무하게 되었다. 그는 서울시 정책을 추진하는 고위공직자가 아닌 현장 실무를 담당했다. 때문에 현장의 모습을 보다 자세하게, 그리고 청계천이 복개되어가던 하루하루의 일상을 세밀하게 구술하고 있다.

당시에는 오늘날과 달리 중장비들이 많지 않았다. 공사 현장의 모습도 지금과는 달랐다. 그의 구술 속에는 1950년대 중후반 서울의 개발이 본격화되기 이전 건설 현장의 미시적 일상이 담겨 있다. 트럭에서 내린 자재는 지개차가 아닌 인부들이 직접 현장으로 날랐다. 콘크리트 치는 작업도 레미콘이 아니라 사람들이 시멘트를 붓고, 기계를 돌리고, 지게로 지고, 도르래로 날랐다. 구술자는 이러한 작업이 잘 진행되고 있는지, 공사를 맡은 업체가 일을 제대로 하고 있는지, 관리·감독하는 역할을 하였다.

그는 당시 공사를 담당했던 건설회사들에 대한 일화를 들려주면서 공사에 참여했던 현대건설 정주영 사장에 대한 기억도 함께 구술하고 있다. 당시에도 정주영 사장은 새벽부터 현장에 나왔는데, 회사 규모가 작다 보니까 다른 건설회사들에 비해 일이 늦어지자 소장을 몇 번씩 교체했다고 한다. 세계적인 대기업으로 발돋움하기 이전의 현대그룹과 정주영 회장에 대한 흥미로운 일화이다.

그런데 미8군은 이렇게 만든 복개 구간의 운행을 기피했다고 한다. 철근콘크리트로 복개를 하면서 내부에 환기 시설을 만들지 않아서 메탄가스 폭발이 일어날 수 있다는 우려 때문이었다. 때문에 서울시에서는 복개 구간들을 철거하고 재공사를 할 수밖에 없었다. 구술자는 이 부분에 대해 매우 아쉬워하지만 그래도 서울이 빨리 발전했다는 점은 위안으로 삼고 있다.

제3장은 최주하 전 도시개발공사 개발이사의 이야기이다. 그는 1935년생으로 1962년부터 서울시 수도국 급수과에서 근무를 시작하였고, 치수과 치수계장과 감사관실 기술계장을 비롯해 서울대공원 공사과장과 한강관리사업소 소장 등을 지냈다. 구술자가 처음 맡았던 업무는 땅속 상수도관의 누수를 탐지하는 검침 인력을 관리하는 것이었다. 당시 서울시 상수도는 노후된 관들이 많아서 누수율이 높았다. 그는 1960년대부터 오래된 수도관을 교체하는 작업을 시작했는데, 처음에는 외국에서 수입한 수도관을 쓰다가 1960년대 후반 정도가 국내산 수도관을 사용하게 되었다고 회고하였다.

그는 강남개발 당시 현장의 택지공사 감독 업무를 담당하면서 경험했던 각종 토지구획정리사업이 대해서도 말해주고 있다. 개발이 시작되자 영동지구의 땅값은 수십 배가 올랐다. 논밭이나 과수원을 가지고 있던 주민들은 하루아침에 큰돈을 벌었다. 서울시도 체비지替費地를 팔아서 개발비용을 충당할 수 있었다. 토지 가격의 상승이 개발을 주도했다. 주민들도 경제적 이익을 위해 적극 합심하여 개발에 필요한 땅을 내놓았다고 구술자는 기억하였다. 또한 구술자는 강남대로와 영동대로와 같은 주요 간선도로 건설도 맡고 있었는데, 당시 도로 건설에 들어가는 공사비를 절감하기 위해 굴곡진 구간을 평평하게 만들지 못하고 일정 부분 구배勾配를 남겨 놓았다고 회고하였다.

이후 그는 프랑스 보건대학으로 연수를 다녀왔으며, 귀국 후에는 청계천하수처리장 공사를 담당했다. 구술자가 공사를 맡았을 당시까지만 해도 하수는 대부분 한강으로 버려지고 있었다. 한강의 수질은 좋지 않았다. 국민들도 하수는 자연적으로 처리된다고 인식했다. 지금과 달리 하수관 매설이나 하수처리장의 필요성을 인식하지 못했다. 물론 오늘날 서울에는 여러 하수처리장들이 건설되었고, 한강 수질은 깨끗하게 관리되고 있다. 이는 원수原水 자체가 좋고, 경제가 성장하면서 위생이나 환경에 투자할 여력이 많아졌기 때문이라고 구술자는 분석하고 있다.

한편 1970년대 후반부터 구술자는 과천에 위치한 서울어린이대공원 건설을 담당하게 된다. 당시 그는 우리나라에 대형 동물원이 없었기 때문에 미국과 캐나다 등에 있던 해외 동물원을 시찰했으며, 소방도로와 동물원 관리를 위해 주변에 외곽도로를 만드는 일도 담당했다. 이외에도 구술자는 오늘날 흔히 볼 수 있는 조경용 소나무를 옮겨 심는 작업을 본격적으로 시작했다고 말하였다. 이전까지는 나무의 생육 문제로 몇 년이 걸리는 작업이었지만 그의 노력 덕분에 쉽게 소나무를 옮기는 방법이 보급되었고, 이후 많은 공원들의 조경 작업에 적용되었다고 회고하였다.

제4장은 김영수는 전 도시계획국장의 이야기이다. 그는 1939년생으로 서울시 수도국에서 근무를 시작하였고, 토목과를 거쳐 지하철본부 공사계장과 서울시 건설국 교량계장 그리고 건설국 도로과장과 서울시 종합건설본부 차장 등을 지냈다. 그는 1968년 1·21사태 이후 만들어진 북악

스카이웨이 건설에 참여하였다. 도로를 만드는 목적은 국가 안보와 청와대 경호였다. 하지만 대외적인 명분은 관광도로였다. 때문에 구술자는 도로 설계에서도 관광의 요소가 일부 반영되었고, 북악팔각정 휴게소가 산꼭대기 도로 옆에 만들어졌다고 밝히고 있다. 아울러 당시 우리나라에서 최초로 도로에 반사경을 달았다고 말하면서, 곡면 거울이나 프레임을 만드는 업체가 없었기 때문에 별도로 청계천 대장간 등에서 만들어 설치했던 일화도 소개하고 있다.

그는 북악스카이웨이와 더불어 강변도로 건설도 담당하였다. 이때 도로는 오늘날과 달리 유로도로였다. 요금 징수에 필요한 시설도 새로 만들어야 했다. 물론 구술자는 그때까지 톨게이트라는 개념도 제대로 확립되지 않았던 시기였기 때문에 머리 속에서 상상해가며 시설을 설계했다고 회고하였다. 또한 그는 김현옥 시장이 강변도로 준공표지판 휘호를 쓰던 일화도 기억하고 있다. 당시 김 시장은 휘호를 한글로 '강변일로'로 썼는데, 이때 '일'자는 숫자를 세는 '하나'의 뜻이 아니라 '일로매진一路邁進'의 개념으로 붙였다고 그는 회고하고 있다. 아울러 구술자는 시장이 현장을 방문해 직원들을 격려하면서 저녁 식사비로 '두둑한 봉투'를 주던 일도 기억하고 있다. 덕분에 비서진들은 판공비 조달에 애를 많이 먹었고, 시장이 너무 많이 방문하는 경우 비서진들이 봉투를 다시 '회수'해 갔던 일화도 말해주고 있다.

한편 구술자는 교량계장으로 있으면서 한남대교(제3한강교)를 비롯해 반포대교와 잠수교 그리고 성산대교와 당산철교 등 한강에 놓여진 주요 교량의 건설을 담당하였다. 그는 한남대교에서 한겨울에 한중콘크리트

cold water concrete를 치는 작업을 했던 일화를 비롯해 당산철교 주변 절두산 성당의 소음 문제를 해결하기 위해 신공법을 도입했던 일들을 회고하고 있다. 또한 잠수교는 유사시 상부 교량이 끊어지거나 항공기의 폭격으로 파괴될 경우에도 그 밑으로 도강할 수 있도록 지어졌는데, 물에 잠기는 교량은 당시 구술자에게도 생소한 것이었다고 한다. 아울러 교량들 주변에는 한강을 건널 수 있는 접안 시설을 마련하였고, 한강 폭이 좁은 구간에는 여울목교를 만들 수 있는 자재들을 보관하는 창고도 따로 만들어 놓았던 일화도 기억하고 있다.

그는 지하철 건설에도 참여하였다. 구술자는 당시에 대해 11호선까지 있던 일본 도쿄와 비교하면 겨우 10km에 불과했지만 모두들 사명감과 자부심을 갖고 일했다고 회고하였다. 그러면서 지하의 상하수도관을 비롯해 땅 위의 교량 구조를 넘어가는 일, 암반을 파고 내려가는 작업 등 힘든 공사를 마무리했다는 점을 자랑스럽게 기억하고 있다. 또한 2호선 이대역 에스컬레이터가 깊이 나 있는 이유, 5호선이 강동역에서 두 갈래로 나눠진 이유, 6호선 응암역에서 구산역 구간이 원형의 순환선이 된 이유 등 지하철 건설과 관련된 다양한 이야기를 들려주고 있다.

제5장은 이보규 전 한강관리사업소장의 이야기이다. 그는 1942년생으로 서울시 마포구 동사무소에서 근무를 시작하였고, 서울시 예산과를 거쳐 새마을지도계장과 회계과 지출계장 그리고 성동구 재무국장과 송파구 총무국장 등을 지냈다. 그는 지금도 그렇지만 당시에도 예산과는 메리트가 있는 자리였다고 회고면서, 서울시 예산 관련 업무의 흐름에 대

해 자세히 설명하였다. 그가 가장 중요하게 본 것은 법정경비를 제외한 가용재원이었다. 시장이나 구청장 등 기관장이 새로운 사업을 추진할 때 바로 쓸 수 있는 예산이 가장 중요하다는 것이다.

당시에도 그렇듯 각 부처에서 요구하는 예산에 비해 총예산은 언제나 한정되어 있었다. 때문에 예산 업무를 보는 담당자는 급하지 않은 것부터 '도끼질'과 '대패질'을 해서 맞췄다. 또한 시장 지시사항으로 새로운 사업에 드는 예산이 필요한 경우를 대비해 다른 사업의 예산 항목에 일종의 '숨겨놓은 예산'을 가지고 있어야 했다. 구술자 역시 예산 업무를 담당하면 삭감 시 해당 부처의 반발이 비교적 적은 사업의 예산을 일부 조정하지 않고 있다가 필요한 경우 '잔고'로 사용했던 일화를 말해주고 있다. 아울러 그는 당시 가장 후순위로 밀렸던 분야는 복지 관련 예산으로 기억하면서, 그것으로 부족할 경우 아예 대형 건설사업비를 축소해 공사 하나를 1년 정도 미루는 방법도 사용했다고 회고하였다.

한편 서울시는 각종 개발 사업을 진행하면서 많은 재원을 필요로 하였다. 물론 세수법정주의를 지켜야 했기 때문에 무조건 세입을 늘릴 수는 없었다. 때문에 서울시는 세외수입 확보에도 노력하였다. 구술자는 강남개발과 같은 토지구획정리사업을 통해 나오는 체비지 수입을 대표적인 세외수입으로 뽑았다.

본 구술자료집은 채록한 구술 자료를 독자들이 읽기 쉽게 편집한 2차 가공물임을 밝혀두고자 한다. 이 책의 내용 중 일부를 연구에 활용하거나, 더 세밀한 정보가 필요한 경우에는 반드시 소정의 절차를 밟아 서울역사편찬원이 소장하고 있는 원본 자료를 참조하기 바란다. 또한 본 구술자료집은 개인의 사적인 체험과 기억을 술회한 것이므로 일부 내용은 다른 독자들의 기억과 다르기도 하고 일부 과장되었을 수도 있다. 그러므로 독자들은 이러한 점들을 유의하여 읽어주기 바란다.

아울러 서울역사편찬원에서는 구술자 개인의 의사를 존중하기 위해 무리한 인터뷰를 자제함과 동시에 비공개로 요청된 부분은 편집과정에서 모두 삭제하였다. 또한 이 자료집은 녹취록을 바탕으로 원고를 정리하였고, 구술자의 동의를 받아 발간하였음을 밝혀둔다.

2022년 11월

서울역사편찬원 전임연구원 류상진

"

제1차 경제개발5개년계획 때랑 맞춰서 AID 차관을 신청했지요

"

면 담 자 임미리(한국학중앙연구원)
면담주제 1960년대 서울시정과 공무원들
면담일시 2016년 9월 5일(1차), 2016년 9월 6일(2차)
면담장소 광화문 모임공간 '토즈'(1 · 2차)

박만석

1933년	경상북도 경주 출생
1961년	서울대학교 토목과 졸업
1961년	서울시 건설국 하수과 근무
1966년	서울시 건설국 토목과 도로시설계장
1973년	서울시 건설국 하수과 하수계장
1976년	서울시 종합종말처리사업소 소장
1981년	서울시 하수국 치수과 과장
1982년	서울시 동대문구 건설국 국장
1985년	서울시 강남구 도시정비국 국장
1987년	서울시 도시계획국 구획정리과 과장
1990년	서울시 하수국 국장
2019년	작고

설계사무소에서 일하다 서울시 근무 시작

이번 면담은 '1960년대 서울시정과 공무원들'이라는 주제로 실시하는 서울역사편찬원의 구술채록입니다. 오늘은 박만석 전 하수국장님을 모셨습니다. 선생님께서는 1961년부터 서울시에서 근무하셨고 하수국 치수과장, 도시계획국 구획정리과장, 종합건설본부 차장 등을 지내셨습니다. 우선 서울시에서 공직 생활을 어떻게 시작하셨는지 말씀 부탁드리겠습니다.

제가 고향이 경주예요. 국민학교 6학년 때 광복을 맞았어요. 저희 집이 가난해서 소작을 많이 했어요. 일제강점기 때는 공출도 많이 해서 먹을 게 별로 없었어요. 숨겨놓고 먹었어요. 지주한테 갖다주는 것도 몰래 갖다주고 그랬죠. 중학교는 경주공업중학교를 나왔는데 고등학교는 가난해서 못 갔어요. 부산으로 취직을 하러 내려갔어요. 지주네 사위가 경주역에서 근무해서 그분 소개로 부산철도청 고내수庫內手로 들어갔어요. 임시직이었죠.

그러다가 6·25전쟁이 나면서 서울에 있던 철도고등학교가 부산으로 오게 됐어요. 그래서 제가 사무소 소장한테 얘기하니까 시험을 보라고 했죠. 토목과에 합격해서 다니게 됐어요. 그때는 교통고등학교였어요. 제가 3회 졸업생인데, 9회까지는 교통고등학교이고, 10회부터는 철도고등학교가 됐어요. 철도고등학교라고 하면 다들 아는데 교통고등학교라고 하면 잘 모를 거예요. 실은 체신부

서울운동장(동대문운동장) 공사 모습(1958년)

에도 체신고등학교, 체신중학교 같은 게 있었거든요. 일은 야간에 하고 학교는 주간에 다녀서 겨우 졸업했죠.

졸업하고 취직하려고 하는데 선생님이 서울대학교에 시험을 보라고 해요. 토목과를요. 저는 시험 안 친다고 했어요. 가봐야 뭐하냐고 그랬죠. 그랬더니 학교에서 1학기 입학금을 대주더라고요. 담임선생도 철도 관사 방 1개를 구해줬어요. 그리고 저한테 학생을 가르치라고 했죠. 그렇게 가정교사를 하면서 지원받았어요. 2학기 때는 집에서 논이랑 밭을 1~2마지기를 팔아서 등록금을 대주고요. 그렇게 1학년 마치고 군대에 갔지요.

군대는 어디로 가셨어요?

1955년 2월에 입대했죠. 한남동에 있는 건설공병단 작전과로 갔어요. 측량도 하고, 터도 닦아주고, 막사도 지어줬어요. 공업중학교를 나왔고 고등학교도 토목과였잖아요. 육군본부도 지어줬어요. 처음엔 막사에 있었어요. 국방부도 막사에 있었죠. 그때 서울운동장[01]을 짓는 것도 감독했어요. 운동장 만들 때 이승만 대통령이 개장 행사를 8월 15일에 하면서 자기가 연설한다고 그랬어요. 그래서 주야로 덤프트럭 갖고 거기에 있던 산을 파서 신설동에다가 쏟아부었어요. 1~2달 정도 한 거 같아요. 거기서 제대할 때까지 근무했어요. 그러니까 3년 6개월, 42개월 군대 생활을 했죠. 제대하던 날이 운동장 완공되고 행사하던 날이었어요.

개장식이었던 8·15 행사에도 가셨나요?

군인들은 안 갔어요. 저는 그날이 제대였잖아요. 당연히 집에 가야죠. 그거 보러 가겠어요? 바로 복학을 했죠. 4학년이 되니까 졸업까지 4학점만 남았어요. 그래서 취직을 했지요. 그때가 1961년이었어요. 졸업도 9월에 했어요.

01 동대문운동장을 말한다. 1958년 8월 15일 서울운동장(동대문운동장) 신축 야구장에서 광복 13주년과 정부수립 10주년을 경축하는 합동기념식전이 열렸다. 당시 이승만 대통령 등 국내 고위인사와 주한외교사절단 등이 참석하였다(《경향신문》 1958년 8월 16일). 2007년 철거되었고 현재 동대문디자인플라자(DDP)가 들어서 있다.

대학 다니면서 4·19혁명이랑 5·16군사정변을 다 겪으셨네요. 데모 같은 건 없었나요?

공대 쪽은 별로 없었어요.

서울시에는 언제 들어가셨나요.

4학년 때 4학점만 남기고 설계사무소에 취직했어요. 사장이랑 같이 일을 하면서 설계를 했죠. 당시에는 설계사무소가 몇 개 없었어요. 사장도 일제강점기 때 경성부 건설국에서 일하던 사람이었어요. 어쨌든 제가 설계사무소를 처음 시작할 때 보국대[02]가 있었어요. 정부에서 좀 나쁜 사람들 잡아다가 공사시키고 길 닦는 일을 시켰거든요. 강원도 같은 데 가서 산길도 닦는 일들을 했죠. 저는 그네들이 일하기 전에 측량하고요.

제가 측량을 하면 바로 이제 뒤에서 보국대들이 따라오면서 공사를 하는 거죠. 하루에 5km 정도 측량을 했던 거 같아요. 밤에는 또 촛불을 켜놓고 도면을 그려야 해요. 그리고 강원도는 여름인데도 산골짝은 춥더라고요. 어쨌든 그런 일들을 설계사무소에서 했죠. 4학년 때는 거의 학교를 안 나갔으니까 그렇게 한 거죠. 그러다가 9월에 졸업을 하고 바로 서울시로 들어간 거예요.

---

02 근로재건대를 말한다. 1962년 정부에 의해 조직된 넝마주이의 단체이다. 서울을 비롯해 전국 주요 도시에 약 3,500여 명이 등록되어 경찰의 관리·감독을 받았다. 이들 넝마주이들은 관할 시청에 등록하여 증명을 받도록 하였고, 지정된 복장과 명찰을 달게 하였으며 지정구역 내에서만 취업할 수 있도록 하였다.

서울시에 들어가셨을 때 채용 과정이 있었나요?

저는 임시직으로 들어갔어요. 서울대 공대 출신 선배들이 30명 정도 있었어요. 일단 임시직으로 있다가 공채로 정식 발령을 받았어요.

당시에 서울시 공무원 되는 것을 선호했나요? 지금과는 다른 분위기였을 것 같아요.

광복 당시에는 서울시가 청소 정도만 했었죠. 공사 같은 건 하는 게 없거든요. 그러다가 1960년대 와서 공사를 많이 했어요. 다리도 놓고, 길도 놓고, 수원지도 만들고, 기술자들이 주로 그걸 했죠. 그러다 보니까 공대생을 많이 뽑았어요. 그런데 학교만 나와서는 바로 설계를 못 해요. 그런데 저는 군대나 설계사무소에서 근무하면서 설계를 했잖아요. 그래서 처음에 서울시에 들어가서 직원들을 가르쳤어요. 그러다가 하수과가 만들어지면서 그쪽으로 가게 되었지요.

청계천 복개공사 보조감독

하수과에서는 어떤 일을 하셨어요?

우선 원서동의 하수도 공사를 감독했어요. 그러다가 청계천 중에서 종로5가에서 동대문까지의 복개공사를 맡았어요. 1961~1962년 무렵이었을 거예요. 제가 보조감독이었어요. 오래는 안 했어요. 거의 마무리 될 때였으니까, 3개월 정도 했을 거예요.

당시 복개라고 하면 주변의 철거민들을 이주시키는 작업부터 했나요?

그렇죠. 시작할 때 하죠. 그런데 청계천에 무허가 건물들도 세워지는 순서가 있어요. 일단 하천 양쪽 길에다 말뚝을 박아요. 그다음에 기둥을 박아서 가게를 만들고 거기서 장사를 하는 거예요. 우리가 그걸 다 철거했던 거예요.

청계천 복개공사 준공 개통식(1964년)

철거는 본청 소관이었나요? 아니면 중구청 소관이었나요?

본청에는 철거하는 인부들이 없어요. 사업소라든가 각 구청에 있었죠. 그런데 지휘는 제가 하는 거죠. 본청에서 관여하는 거예요. 그리고 사람들을 이전시켰어요. 상계동에 가면 그때 철거민촌이라고 있었어요. 성남에도 있고요. 그때는 광주였죠. 국유지였고요. 상계동 같은 곳은 전부 평지였어요. 그때 10평씩 나눠줬던 거 같아요. 땅을 바둑판같이 나눠서 줬어요.

철거민들에게 10평씩 분양해 준 건가요? 소유권 등기 같은 걸 해준 건가요?

배급 주듯이 지정만 해 준 거였어요. 등기 같은 건 아니었어요.

복개 공사는 어떻게 하는 건가요?

일단 구거溝渠를 만들어요. 일종의 콘크리스 박스concrete boxes예요. 그걸 설계해서 묻어주고 위에 길을 만드는 거죠. 청계천은 하천이 넓어서 박스가 3m 내지 5m 정도 되었어요. 혹은 10m 짜리도 있었어요. 청계천은 폭이 50m 미터 이상이에요. 그래서 양쪽에 옹벽을 쌓고 가운데에는 말뚝을 기둥으로 세워요. 청계5가까지는 나무말뚝을 박았어요. 그리고 위에 슬라브 몇 개를 덮어요. 그러면 보통 두께가 30cm 정도가 되요. 청계천 복개 공사 초창기에는 콘크리트 기둥이나 철근은 없었어요.

나중에 보강공사를 했나요?

그대로 뒀어요. 비단 청계천만이 아니었어요. 마을의 하천을 공사할 때 다 소나무 기둥으로 박았어요. 콘크리트를 사용한 때는 1960년대부터거든요. 청계천도 1966년부터 사용했을 거예요. 그리고 원조물자 문제도 있었어요. 제가 서울시에 들어갔던 1961년에는 원조물자가 나와서 그걸로 동대문까지 복개한 거였죠. 그런데 그 이후에는 철근, 시멘트, 목재 같은 걸 지원 안 해줬어요. 그래서 아래쪽 지역은 1966년부터 복개했던 거였죠.

동대문까지 마쳐놓고 한참 쉬었다가 다시 해서 마무리 지은 거네요.

그렇죠.

1966년 하수처리장 건설 용도로 AID 차관 350만 달러를 받아

그때 하수처리장도 만들었다고 들었습니다. 거기에 대한 설명을 부탁드립니다.

1962~1963년 사이였어요. 일본에 아는 설계사무소가 있었어요. 제가 거기에 기본계획을 부탁해서 만들어 왔어요. 하수처리장 타

당성 검토를 위해서요. 당시 서울시가 돈이 없었잖아요. 그래서 차관사업을 해야겠다고 했어요. 우리는 돈을 투입할 여력이 없었어요. 그때 원조구매 AID라고 있었어요. AID 차관이라고 그래요.[03] 제1차 〈경제개발5개년계획〉 때랑 맞춰서 차관신청서를 만들었죠.

그때는 하수처리장이라는 용어 자체를 아는 사람이 없었어요. 시장부터 직원까지 다들 몰랐죠. 그런데 저는 공대를 다니면서 의정부 미군기지에 있는 하수처리장을 교수님들하고 답사했거든요. 그래서 알고 있었죠. 일단 350만 달러로 하루에 15만 톤의 하수를 처리하는 것으로 계획해서 경제기획원에 보냈죠. 나중에는 미국대사관도 가고 유솜USOM[04]도 갔다 왔어요. 제가 경제기획원에 거의 2년 동안을 매일 가다시피 했어요. 현대건설 같은 회사들은 돈을 주니까 차관이 금방 나오는데, 관청에서는 그냥 달라고 하니까 안 주더라고요. 저는 발품만 팔았거든요. 물론 제 돈 주고 점심도 사주고 그랬어요. 어쨌든 차관을 받아내는 데 성공했어요.

AID 차관협정 체결을 1966년 7월 13일에 했던 걸로 기억해요. 김현옥 시장이 있었을 때였던 거 같아요. 그런데 그때 차관은 외자

---

03 개발도상국의 경제개발을 위해 미국이 제공하는 장기융자이다. 원조방식은 증여가 아닌 차관의 형식이다. 개발도상국의 경제발전에 긴요하다고 판단되는 사업을 우선 육성함으로써 국제무역과 민간투자를 촉진하는 것이 주요 목적이다. 한국의 경우 1959년 첫 개발차관으로 동양시멘트가 설립되었다. 1950년대 후반부터 민간을 대상으로 하는 개발차관이 시작되었으며, 1995년부터 한국은 개발차관 대상국에서 제외되었다.

04 유솜(USOM, United States Operations Mission)은 미국의 대외원조처이다. 1959년 3월 한국에 정식 원조사업단이 설치되었으며, 주미대사가 경제원조사업에 대한 감독권을 가지고 있었다. 한국에서는 1959년부터 1968년까지 활동하였다(이휘현, 〈1960년대 초반 미국의 대외원조정책 조정과 대한원조의 '정상화'〉《한국문화》 92, 2020, 302쪽 참조).

하고 내자가 있어요. 우리가 받은 차관은 외자예요. 그리고 전부 기계였죠. 우리는 그런 거 못 만드니까요. 내자는 물탱크 같은 거랑 토목사업에 들어가는 물건들이었어요. 하수를 정화하는 탱크도 수십 개가 들어가요. 그때 김현옥 시장이 차관을 받은 다음에 제가 연도별로 추진하는 계획을 잡았어요. 1966년에 제가 차관백서에 적어 놨어요. 그런데 해가 바뀌어도 내자를 집행 안 하더라고요. 내자를 안 쓰니까 외자도 못 썼고요.

서울시가 차관을 받아서 예산에 책정은 해놓고 그 돈을 안 썼던 거네요.

그렇죠. 서울시의 하수처리장에 대한 인식이 부족했던 거죠. 하수처리 같은 건 그냥 하천으로 내보내면 된다고 생각했거든요. 걸러서 보내야 한다는 인식이 없었던 거죠. 그런데 내자를 집행 안 하면 차관이 무효가 돼요. 그래서 제가 분할해서 5개년인가, 4개년으로 하수처리장 계획을 세워놓았던 거죠. 그런데 발주를 안 해요. 나중에 양택식 시장이 오고 나서 1970년에 착공을 했어요. 양 시장은 철도청에서 차관사업을 해봐서 알아요. 증기기관차를 없애고 디젤기관차를 도입했거든요. 차관이 뭔지 아니까 시장이 바로 예산을 책정하라고 해서 공사를 시작했죠.

1966년에 차관협정 체결을 해놓고 1970년이 될 때까지 공사가 하나도 진척이 안 됐던 거예요?

부지만 사들여 놨어요. 그때 장안동에 10만 평을 사놨거든요. 제

하수처리장 건설을 위한 AID차관 협정 조인식(1966년)

가 담당했어요. 평당 150원 정도로 해서 1,500만 원을 줬던 거 같아요. 10만 평해봐야 얼마 안 돼요. 그리고 장안평 쪽은 농사를 못 짓는 곳이었어요. 습지였거든요. 일단 소유주도 하수과 서무계로 해놨고요. 제방만 쌓아놨었죠. 그런데 습지는 흙을 갖다가 부어도 쌓지 못해요. 그래서 탱크 같은 것을 묻은 다음에 작업해야 되요. 그때 제방 만드는 것도 2,000만 원 들었던 거 같네요. 그것도 제가 감독했어요. 일단 1970년에 드디어 350만 달러를 쓸 수 있게 됐어요. 그런데 문제가 생겼어요. 5년 동안을 협정만 맺고 안 썼잖아요. 그 동안 물가가 올라서 집행을 못 한다고 해요. 부족한 거죠.

양택식 시장(1972년)

그럼 어떻게 해요?

추가로 차관을 받아와야 했어요. 그때 제가 토목과 도로계장이었는데 그 일을 맡으라고 해서 다시 하수과로 불려갔어요. 하수처리계장이 있었지만 4년 전에 차관은 제가 받아왔으니까요. 일단 7일 동안 도면을 전부 작성해서 미국대사관에 추가차관신청서를 제출했죠. 그렇게 해서 추가차관으로 280만 달러를 받아왔어요. 기계를 사가지고 올 돈이 충당되더라고요.

그러면 당시 하수, 폐수, 분뇨 같은 것들이 청계천으로 계속 유입되었다는 거네요.

네, 그랬죠. 겉에만 덮어 놓고, 속은 그대로였던 거죠. 나중에 복개천 밑에 들어가서 차집관거遮集管渠(intercepting sewer)[05] 공사를 했어요. 위에 뚜껑을 덮기 전에 했으면 편했겠죠. 일단 그때 저랑 미국대사관 국장이랑, AID 국장, 이렇게 3명이 같이 LA로 갔어요. 미국대사관 국장은 토마스라는 사람이었어요. AID 국장도 미국 사람이었으니까 미국 사람이 2명이었네요. 거기서 630만 달러를 가지고 기계입찰을 했어요.

몇 개 회사가 응찰했나요?

우리는 크게 관여를 못 했어요. 미대사관 국장이 총감독 역할을 했죠. 우리는 기계만 들여오면 된다고 했거든요. 그때 DMJ라는 회사가 하수처리장 설계를 했어요. 설계, 감독, 감리, 설계감리를 했죠. 그때 DMJ한테 설계랑 설계감리비로 80만 달러를 줬어요. 그렇게 하수처리장 공사를 해서 1976년에 준공을 했어요. 그것도 6년이 걸렸죠.

공사 동안에도 계속 책임자로 계셨던 건가요?

저는 추가차관 받아오고 기계입찰하는 것만 했어요. 기본공사를 할 수 있는 단계까지만 한 거죠. 공사 책임은 하수처리계장이 맡았어요.

---

05 하수나 빗물을 모아서 하수처리장으로 수송하기 위해 설치한 관이나 통로

저는 토목과로 가서 3년 정도 있다가 다시 하수과로 왔지요. 그게 1973년 9월이었어요. 그러고 나서 제가 이어받아서 마무리한 거죠.

시공사는 어디였어요?

현대건설에서 했어요. 제방 쌓는 것부터 거기서 다 했어요. 수의계약으로 했어요.

서울시가 사업 주체, 현대건설이 시공사, 미국의 DMJ가 설계감리를 맡은 거네요.

예, 그렇죠. 그러고 DMJ에서 감리를 하니까 일일이 이 사람들하고 상의를 해야 해요. 구조물을 만들면 그 사람들이 검사를 해요. 철근 빼먹은 거 있는지 다 세봐요.

공사 중에 문제가 생긴 건 없었나요? 장마나 사고 같은 일들 혹시 없었나요?

대홍수가 터져서 장안평 전체가 물바다가 된 적이 있었어요. 중랑천 제방이 터져서 답십리까지 물바다가 됐죠. 탄천 제방이랑 송파구 쪽 토성도 무너졌어요. 그쪽은 완전히 배 타고 다녔어요. 애초 습지고 지대가 얕으니까 물이 쫙 들어왔죠. 거기에 제방까지 터지니까 한강 수위까지 물이 들어왔던 거죠. 물이 다 빠질 때까지 공사를 못 했어요.

청계천하수처리장 공사 모습(1970년)

하수처리장에 보강공사 같은 것도 했나요?

콘크리트니까 청소만 하면 되죠.

장안동의 하수처리장을 가동하면서 달라졌다는 걸 실감은 할 수 있었나요?

들어오는 하수는 많고 처리하는 하수는 적었어요. 10만 톤밖에 걸러내지 못했거든요. 하수처리장을 경유해서 나가는 방류수는 깨끗하게 중랑천 하류로 빠져도, 중랑천 위쪽에서 하수가 계속 내려오니까요. 뭐 크게 효과는 못 봤어요. 그래서 나중에 중랑천에도 하수처리장 공사를 했어요. 제가 하수처리장 소장이 돼서 그걸 감독

했죠. 거기도 규모가 10만 톤 정도였어요. 영국에 있는 은행에서 800만 달러 차관을 얻어서 했어요. 그렇게 해서 장안동에 있는 청계천 하수처리장이랑 중랑천 하수처리장이랑 해서 규모가 총 21만 톤이 됐죠.[06] 부지도 계속 확장해서 두 개 합쳐서 나중에는 170만 평 정도 될 거예요. 엄청나게 컸어요.

그런데 저쪽 답십리 쪽 복개가 끝난 지점인 차집관거에서 익사 사고가 있었어요. 애들이 놀다가 2명이 거기에 빠져서 죽었어요. 맨홀이 크잖아요. 빗물도 흐르고, 복개도 다 끝난 구간이니까 거기에 들어가서 사고가 난 거죠. 1명이 죽고, 다음날 또 빠져 죽었어요. 3일 연속으로 신문에서 대서특필되었어요. 그러니까 이제 검찰에서도 오라고 해요. 성동지청으로 갔죠. 업무상과실치사로 입건됐어요. 불행 중 다행으로 집행유예로 끝났어요. 벌금은 30만 원이고요. 그리고 4개월 직무 정지도 받았어요. 덕분에 4개월 동안 놀았죠.

---

06 청계천하수처리장은 1976년 9월 준공되었다. 우리나라 최초의 하수정화시설로 1970년 6월 내자 31억 원, 외자 30억 원을 들여 착공하였다. 종로·성북·동대문·중구 등 청계천 지역에서 나오는 하루 25만 톤의 오수를 정화할 수 있었다. 중랑천하수처리장은 1979년 10월 준공되었다. 1975년 총사업비 101억 5,300만 원을 들여 착공하였으며, 하루 21만 톤의 오수를 정화할 수 있었다. 앞서 가동 중인 청계천 하수처리장과 함께 한강의 수질 오염을 막는 역할을 하였다.

영국은행으로부터 차관을 받아 중랑천 하수처리장 공사

영국은행으로부터 차관을 받았던 세부 과정이나 공사 입찰 등에 대해서 기억나시는 거 있으신가요?

영국 차관을 들여올 당시에 영국에 하수처리장 기계를 만드는 회사가 있었어요. 그 회사가 알고 온 거죠. 서울시가 하수처리장 만든다고 하니까 외국 회사들이 다 알더라고요. 그 회사가 차관을 책임지고 해 준다고 했죠. 은행이랑 기계회사가 다 영국 사람들이었죠. 확실한 건 기억이 잘 안 나요.

중랑천 하수처리장도 차관이랑 기계 모두 영국이었던 거죠?

예, 맞아요. 청계천도 그렇고, 중랑천도 그렇고요. 인구가 자꾸 늘어나니까 하수량도 늘어났어요. 지금은 청계천이랑 중랑천 다 합하면 처리량이 171만 톤이에요. 서울시가 내자를 그만큼은 감당할 수 없었어요. 그래서 10만 톤 정도로 시작을 했던 거죠. 돈이 없으니까 외자를 쓴 거죠.

그러면 외자는 어디서 갚아요?

서울시가 갚는 거죠. AID 차관은 정부에서 갚고요.

이번에는 앞서 말씀하신 차관과 관련해서 질문을 드릴게요. 중랑천 하수처리장은 영국은행에서 차관을 얻었다고 하셨는데요. 다른 시설 중에 차관으로 추진한 것은 없었나요?

탄천의 하수처리장도 차관으로 했어요. 그건 제가 없을 때 만든 거였는데 일본의 OECD 자금을 빌려서 한 거였어요. 저는 중랑천까지만 만들고 나갔거든요. 어쨌든 우리가 기계를 만들지 못하니까 외자를 들여와야 하는 형편이었죠. 그래서 차관은 전부 기계값이었어요.

분뇨처리장을 하수처리장 안에 유치

장안평하수처리장 설계는 어떤 방식으로 했나요?

일단 처리용량을 잡아요. 10만 톤이면 10만 톤으로 잡고 거기에 맞게 설계를 해야 되요. 그리고 1차 침전지, 2차 침전지, 소화조, 펌프장, 그리고 폭기조, 광역펌프장, 유입펌프장 등등 여러 가지가 있어요.[07] 거기에는 토목도 있고, 건축도 있고, 기계도 있고, 화공도 있어요. 물을 검사하는 곳도 꽤 커요. 샘플을 가지고 시험을 하죠. 그리고 하수처리장을 만들면서 이왕에 분뇨도 처리할 수 있게 분뇨처리장도 지었어요. 자동차가 맨날 분뇨를 싣고 들어와요. 그걸 처리하는 거죠. 장치는 일본식일 거예요. 일본에서 기계가 들어왔어요.

분뇨처리장은 처음에 계획에 있던 거예요? 아니면 나중에 추가한 거예요?

제가 소장을 하면서 이왕이면 (그것까지) 처리하자고 해서 만든 거였어요. 분뇨도 생활하수니까요. 처음에는 다섯 군데 토지를 매입해서 분뇨를 처리했거든요. 들판에 분뇨 포대를 가져다 부었어요. 계속 갖다 부으니까 그 넓은 웅덩이 주변에 냄새도 나고, 또 꽉 차면 분뇨가 흘렀어요. 너무 비위생적이었죠. 그리고 분뇨를 부어 놓은 곳은 오래되면 사람이 걸어가도 안 빠져요. 그래서 하수처리장 안에다가 분뇨처리장을 만들자고 한 거였어요. 처리장 안에서 분뇨를 태워서 처리했죠.

그런데 분뇨랑 하수랑 부서가 달랐어요. 분뇨는 청소과에서 했

---

07 가정이나 공장에서 배출하는 하수를 자연수역에 방류할 경우 생태계를 파괴하거나 수계전염병을 전파할 수 있기 때문에 인위적으로 물리적, 화학적 또는 생물학적 방법으로 정화시켜야 한다. 하수처리는 대략적으로 1차 처리, 2차 처리, 3차 처리, 오니(汚泥) 처리 등으로 나눈다. 1차 처리는 선발에 의한 협잡물(夾雜物)의 제거, 2차 처리는 미생물 산화에 의한 용해성 유기물의 제거, 3차 처리는 활성탄·응집침전 등의 물리·화학적 방식, 오니 처리는 오니의 감량을 목적으로 소화·탈수·소각 등을 하는 방식이다. 일반적으로 하수를 3차 처리까지 하면 중수도(잡용수도)로서 재이용할 수 있다.

분뇨수거차(1965년)

거든요. 그래서 제가 청소과에 분뇨처리장을 만들자고 해서 이쪽 일로 끌어온 거죠. 원래는 청소과에서 분뇨를 갖고 와서 웅덩이에 붓는 거였는데, 전부 처리장에서 하는 걸로 바꾼 거죠.

이전까지는 서울뿐만 아니라 한국에서 분뇨처리라는 것은 그냥 구덩이에 갖다버리는 거였는데, 선생님이 하수처리장에 별도의 분뇨처리시설을 만들면서 본격적으로 분뇨를 정화하기 시작한 거네요.

그렇죠. 소각한 거죠. 기계는 일본에서 가져왔어요. 그것도 차관을 했는지는 잘 모르겠네요.

처음 만들었을 때 반응이 어땠나요?

청소국에서는 좋아했어요. 일반인들은 잘 몰랐죠. 태울 때 조금 냄새가 나긴 했지만, 그래도 잘 몰라요. 자기들도 집에서 버리는 게 어디로 가는지 모르잖아요. 제가 중랑하수처리장 소장을 할 때였으니까 1970년대 중반이었던 것 같네요. 그렇게 시작했죠.

시장이나 부시장은 거기에 대해서 얘기는 없었어요?

관심도 없어요. 시장실에 설계도랑 결재서류를 가져가면 냅다 던져버려요. 구자춘 시장 때였던 거 같아요. 몇억씩 들어가니까 돈 들어간다고 협조를 안 해요. 하수처리장은 돈이 많이 들어요. 그래서 외자 아니면 못해요. 지금도 있는 서부하수처리장이랑 난지하수처리장도 다 외자로 만들었어요.

당시 하수처리에 대한 인식이 높지 않았는데 어떻게 그걸 하실 생각을 했어요?

제가 공부할 때도 공대에 하수도학이랑 상수도학이 다 있었거든요. 제가 다른 건 공부를 많이 안 했어요. 공부할 시간도 없었지만요. 그러면 B학점이나 C학점 정도 나왔어요. 그런데 하수도학은 A학점이 나오더라고요. 그게 아마 제가 관심이 있어서 그랬던 것 같아요.

제1청계교는 설계에서 기공까지 한 달 만에

이번에는 다른 질문을 드릴께요. 앞에 말씀하셨던 동대문 아래쪽 복개공사 당시에 대해 질문을 드리겠습니다. 그때도 공사에 참여를 하셨나요?

예, 그랬죠. 그때도 김현옥 시장인 1966년 같아요. 일단 동대문에서 제1청계교까지, 길이가 1,600m 정도 될 거예요. 그 구간의 복개를 설계해서 이듬해 1월 4일에 기공식을 하라고 오더가 내려왔어요. 해라. 12월에 날아왔어요. 딱 한 달 여유를 두고 받은 거죠. 직원 둘을 데리고 무교동 여관 하나 빌려서 거기서 숙식하면서 설계를 했어요. 측량은 그 전에 하수과에 있을 때 했거든요. 한 달 동안 구조물 설계만 하면 됐죠. 응력應力계산을 해서 설계를 하는 거죠. 그 위에 차가 다녀요. 그럼 위에 슬라브slab라고 있어요. 그 두께를 얼마나 해야 밑이 안 꺼지는지 계산하는 거죠.

그렇게 응력계산을 하고, 위에 다니는 자동차 무게를 전부 계산해서 기둥이랑 슬라브도 설계한 다음에 도면을 만들었죠. 그렇게 해서 1월 5일에 기공식을 할 수 있었어요. 대림산업한테 수의계약으로 맡겼어요. 밤낮으로 잠도 안 자고 일했어요. 그때는 젊었죠.

1월 5일에 기공식을 해야 할 이유가 있었나요?

아마 시장이 연초에 이런 큰 사업을 한다는 자기 홍보를 하고 싶었던 것 같아요.

청계천 복개공사 모습(1965년)

공사에 필요한 자재들은 어디서 나왔나요?

철근, 시멘트, 콘크리트, 전부 우리 걸로 했어요. 철근은 요즘 것보다는 못하지만 딱딱했어요. 잘 부러지긴 했어요.

선생님까지 세 분이 여관방 잡고 일하셨을 당시 건설사 쪽에서도 같이 보조를 맞춰줬나요? 설계할 때 협조해 주기 위해서 같은 시기에 건설사 쪽에서는 인력이 투입되지는 않았나요?

건설사에서 여관비랑 밥값은 대줬어요. 그렇지만 우리를 위해 인력이 투입되거나 하지는 않았어요. 대림 쪽 직원은 일할 줄을 모르거든요. 그때는 공무원들이 우선이에요. 회사도 그렇고, 설계사무소도 그렇고, 그네들은 설계할 줄 몰라요. 설계나 감독은 공무원들이 다 하는 거였어요.

1970년도부터 서울시 공사 설계는 외부에 맡겨

그럼 건설사는 어떤 일을 하는 거죠?

막일하는 사람들만 건설사에서 데리고 오는 거죠. 그러다가 1970년에 들어오면서 공사 설계를 외부에 맡기게 됐어요. 1960년대에도 설계사무소는 있었어요. 그런데 그때 그 사람들은 공무원들이 해 놓은 설계를 트레이싱페이퍼tracing paper, 그러니까 우리가 기름종이에 그리면 그걸 가지고 펜으로 옮겨 그리는 수준이었어요. 그렇게 일할 수 있는 설계사무소도 다섯 군데 정도였어요.

설계를 할 수 있는 인력들 대부분은 관청에 있었나 보네요.

그렇지요.

1967년 1월 4일 기공식 이후에도 청계천 아래쪽 공사를 계속 담당하셨나요?

제가 청계천 제2교까지 한 다음에 토목과 갔죠. 승진해서 사무관이 됐죠. 기술직에서는 기좌技佐라고 해요. 토목기사에서 토목기좌가 된 거죠. 서울시 본청에서 계장이 되는 거예요.[08] 그때 기좌 시험을 쳤어요. 총무처에서 하는 국가시험이죠. 지방공무원 기술자들을 시험을 보게 했어요. 거기에 합격해서 된 거죠.

1967년 1월에 복개공사 기공식 한 거고, 먼저 여쭤보았던 하수처리장 차관을 받았던 건 그 직전 일이었네요. 그리고 1970년에 잠깐 하수과에 가셔서 추가차관을 받는 업무를 맡았다가 다시 도로과로 왔다가 1973년에 승진해서 토목과로 가신 거죠?

예, 그렇게 된 거예요.

도로과 근무 당시 1·12사태로 작전도로 건설을 담당

도로과에 계실 때 주로 어떤 일을 하셨나요?

그때 무렵에 김신조 사건이 일어났어요. 1968년 초에 한바탕했잖

08 당시 기술직 공무원의 직급은 기감(技監, 2급), 기정(技正, 서기관 4급), 기좌(技佐, 사무관 5급), 기사(技士, 주사 6급), 기사보(주사보 7급), 기원(技員, 서기 8급), 기원보(서기보 9급)로 구분되었다. 1993년 1월부터 행정직과 동일한 직명으로 바뀌었다.

아요. 그러다 만일에 정부가 후퇴하게 된다면 전방에서 온 병사, 장비, 자동차 같은 것들이 서울을 지나가야 하거든요. 그러니까 군사도로가 필요해지는 거예요. 그걸 작전도로라고 해요. 그 공사를 주로 했어요. 제가 맨날 청와대에 가서 같이 의논도 하고 기획도 했거든요. 그때 같이 했던 분이 청와대 정무수석이었는지, 정무담당비서관인지, 국장급이었던 걸로 기억해요. 충청도 사람이었어요. 그렇게 해서 당시 워커힐도로를 이을 수 있게 광진교 건너편의 송파대로를 닦았어요.

송파대로가 원래는 일반도로가 아니고 작전도로 개념으로 만들었나요?

간단하게 말하면 직선으로 길을 만든 거죠.

오늘날의 송파대로

작전도로라는 개념이 김신조 사태 이전에는 서울에는 없었나요?

없었죠.

1·21사태 이후에 작전도로가 생긴 거네요. 그리고 그것들은 일반도로와 비교해서 직선으로 만든 거고요.

예, 맞아요. 세곡동에서 양재동까지 헌릉로라고 있어요. 그런 것들도 다 직선도로예요. 작전도로였죠. 제가 감독했어요.

구획정리로 나온 체비지 매각대금으로 예산 확보

기존 도로와 다르게 직선도로를 놓으려면 주변의 토지를 많이 수용해야 했을 것 같습니다. 민원도 더 많았을 것 같아요. 어떻게 문제를 해결했나요?

구획정리를 한다고 고시를 했어요. 송파대로 같은 경우가 그랬죠. 그다음에 정리하고 난 나머지 지분을 주는 거죠. 구획정리를 하면 내 땅, 네 땅, 구별이 없어요. 자기 땅의 지분만 타면 되는 거죠. 그게 구획정리거든요.

도로부지만 수용하는 게 아니고 지역 전체를 공사하는 방식이었네요. 도시계획 차원에서 도로가 들어가는 게 아니고 도로를 만들기 위해서 구획정리

를 한 거네요.

그렇지요. 안 그러면 그 부분만 토지수용을 해야 하는 거죠. 헌릉로도 그랬어요. 거기도 산을 뚫었거든요. 그런데 산도 임자가 다 있으니까 구획정리로 했죠.

유사시에 피신할 수 있는 최단거리 도로를 만드는 거네요.

그렇지요.

공사도 굉장히 강행군이었을 것 같아요. 민간 시공사에 대한 감독은 어떻게 했나요?

감독 실무는 밑의 직원들이 해요. 제가 30명 정도 데리고 있었거든요. 교량계나 시설계 같은 쪽은 10명 정도 있었는데, 저는 도로과라서 30명쯤 있었어요. 서울시가 넓잖아요. 도로도 많고요. 일하는 데가 많으니까 사람도 많았어요. 그리고 감독하는 것도 한 번에 한 건을 다 끝내놓는 게 아니라 한꺼번에 다 했어요. 서울시 전체를 다하는 거죠. 헌릉로를 감독하면서 북악스카이웨이 감독도 하는 거죠. 송파대로도 하고 워커힐도 하고요.

공사를 동시다발적으로 하니까 부하직원 30명이 현장에 나가서 감독하고, 선생님이 그걸 총감독하는 방식이네요.

네, 그렇죠.

작전도로 관리는 얼마만큼 하셨나요?

3년 정도 했던 거 같아요.

총감독은 어떤 일을 했나요?

저는 현장감독이 아니라서 주로 청와대하고 접촉했어요. 어디로 얼마만큼 넓힐지를 의논해야 하거든요. 그러니까 매일 청와대 국장하고 만났어요. 이름이 잘 기억 안 나네요. 직급은 서울시 국장급이었어요. 그 국장님하고 지프차 타고 돌아다니면서 현장을 둘러봤죠.

청와대 관계자랑 직접 업무를 논의하면 뭔가 더 긴장된다거나, 압박된다거나, 그런 건 없었나요?

그런 건 없었어요. 재밌었어요. 그냥 뭐 친구 같았죠.

무리한 요구 같은 건 없었어요?

없었어요. 제 얘기도 잘 들어주고 그랬어요. 저는 기술 쪽으로만 얘기를 했으니까요.

도로를 만들 때 예산은 어디서 나왔어요?

예산은 구획정리를 하면 체비지[09]가 나와요. 그걸 팔아서 도로를 내는 거죠. 그때 다른 부지는 손을 안 댔어요. 명색이 구획정리였

---

09 해당 지역의 개발사업을 환지 방식으로 시행하는 경우 해당 사업에 필요한 재원을 확보하기 위하여 사업주가 토지 소유주로부터 취득하여 처분할 수 있는 토지를 말한다.

거든요. 도로를 내는 게 일이었으니까요. 나머지는 일반회계에서 공사비를 줬을 거예요. 물론 작전도로들은 기존 서울시 계획에 들어있던 사업은 아니었어요. 청와대에 말해서 예산 편성을 했죠.

다른 부서에서도 청와대에 직접 들어가서 사업 예산을 받거나 승낙을 받거나 하는 경우가 있었나요?

뭐, 간혹 있어요. 청와대 출입하는 사람들이 있어요. 도로 포장하는 사업소 소장 같은 경우가 그랬어요. 거기도 아스팔트 포장을 하잖아요. 청와대 안에도 도로나 일거리가 있어요. 많이 시켜요. 그러니까 사업소장들이 가끔 불려가요.

청계천 무허가 철거는 구청 소관, 반발 심해 나가 보지도 못해

청계천 복개공사를 담당할 당시에 직접 집과 가게들을 이주를 시키셨다고 들었습니다. 당시 어떤 모습이었나요?

동대문 아래쪽 하천 폭이 50m 정도 돼요. 굉장히 넓어요. 그리고 제방에 비탈이 좀 있어요. 거기에 판자촌을 짓고 사람이 살았어요. 집들도 있고 가게들도 있었어요. 정돈이 안 되어 있었죠. 제멋대로

청계천변 판자촌(1969년)

넓게 점령한 사람도 있고, 좁게 사는 사람도 있었죠. 누가 그걸 지으라 한 것도 아니었으니까요. 집이 없는 사람들이 전부 거기에 와서 천막을 친 거죠.

주로 판잣집이었죠?

예, 맞아요. 전부 판잣집이었어요.

판잣집들이 얼마쯤 들어서 있었나요?

숫자는 기억이 안 나요. 동대문에서 제1청계교가 600m 정도 돼요. 그 양쪽에 꽉 찼어요.

철거할 때 반발은 없었나요?

철거는 구청 일꾼들이 했죠. 우리는 거기 손도 못 댔어요. 철거작업이라는 게 순탄치 않거든요. 오물 바가지를 덮어 써가면서 철거를 했어요. 반발이 심했죠. 저희는 거기 현장에 가볼 수도 없어요.

일단 구청이 철거를 완료한 다음에 서울시 본청에서 그다음에 투입이 되는 거네요.

그렇죠.

보상은 했나요?

보상은 안 했죠. 무허가건축이니까요. 그 대신 (다른 곳으로) 갈 자리를 만들어 줬죠. 정착을 시켰줬어요. 상계라든지, 성남이라든지, 하여튼 국유지를 물색해서 그리로 옮겼죠.

그때 청계천 주변에 유곽이나 술집은 없었나요?

그런 건 없었어요. 대개 주거용 판잣집이었어요. 그리고 오간수교부터 위쪽에는 양쪽에 비탈이 없었어요. 축대식으로 올라가니까 거기에는 말뚝을 박고 위에다가 나무를 깔아서 가게를 만들었어요. 동대문부터 쭉 말이죠. 다 무허가였죠. 그렇게 장사를 했죠. 제가 고등학교 때 그 주변에 아는 고향 사람이 있었어요. 거기에 과자가게를 하고 있었어요. 그런데 그렇게 넓은 장소는 아니고 다들 자기 능력대로 판매했어요. 그러니까 시장 같았어요. 시장 골목 비슷하게 말이에요.

그리고 동대문 상류 쪽에서 장사하는 사람들은 자기 집이 있는 사람들이었어요. 집이 없는 사람들은 아래쪽이었고요. 원래 장사를 하려면은 터가 있어서 건물이 있어야 하거든요. 그러니까 청계천 주변은 완전히 시장화가 되었던 거죠.

《서울시하수도백서》를 만들기 위해 여관방에서 한 달 동안 작업

1966년에 《서울시하수도백서》를 편찬하셨습니다. 만들게 된 경위에 대해 듣고 싶습니다.

그때까지 하수도에 대한 자료가 전혀 없었어요. 일제강점기 때 하수도공사를 좀 하긴 했지만, 기록이 없었어요. 앞으로 뭘 해야 할지, 그런 지표 같은 것도 없었고요. 그 당시에 저는 말석에 앉아 있었지만, 백서를 만들어서 앞으로 서울시 하수도 10개년 계획을 세워야겠다고 생각했죠. 구상을 했던 거죠. 제가 주관이 돼서 서울대 공대 토목과를 다니는 동창 두 사람이랑 같이 의견이 맞아서 백서를 만들었어요.

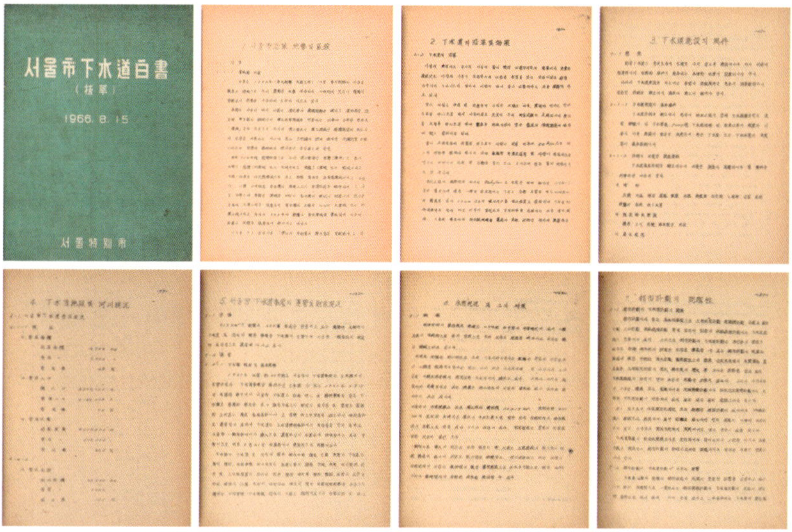

《서울시하수도백서》(1966년)

상부 지시로 한 게 아니라 자발적으로 하신 건가요?

예, 자발적으로 했어요. 그때 제가 《서울시하수도백서》를 만든다고 여관방을 얻고서 합숙을 했어요. 식사비는 조금 보조를 받은 것 같기도 하고 그래요. 어쨌든 한 달 만에 완성했죠.

아무도 지시를 한 게 아닌데, 일하다 보니까 있는 게 좋겠다고 해서 만든 거네요.

예, 그랬던 거죠. 참고자료를 수집하는데 방 한쪽에 책이 가득할 정도로 수집을 했어요. 하수도 지도도 제가 다 만들었죠. 50,000:1 지도에다가 서울시 하천이랑 하수도가 지나가는 길을 전부 도면에 옮겼죠. 일제강점기에도 그런 건 없었어요.

자료들은 주로 어디서 수집을 하셨나요?

여러 곳에서 모았어요. 내무부 같은 데서 책자를 구해서 옮겨 적었어요. 서울시가 가지고 있는 건 몇 권 안 되더라고요. 일제강점기 때 만든 하수도 책들도 다 얇은 책자들이었어요. 그리고 제가 처음 서울시에 들어갔을 때가 1961년이었는데 그때도 자료가 없었어요. 게다가 일 처리도 일제강점기 때 방식으로 하고 있었어요. 횡서로 글씨를 썼어요. 그땐 군대에서도 전부 옆으로 쓰던 시대였는데도 말이에요.

같이 백서를 만들었던 두 분한테는 급료가 나갔나요?

두 사람은 월급도 안 받고 봉사를 했어요. 저 혼자 하려니까 너무 벅차니까 친구들한테 한 달 정도 같이하자고 그랬거든요. 그 친구들도 백서를 만든다고 하니까 좋아하고 그랬거든요. 그래서 같이 했죠.

월급도 안 주고 일을 시켜도 되나요?

제가 이런 걸 만든다고 하니까 그 사람들이 좋게 생각했던 거 같아요. 친구였기도 하고요.

요즘 같아서는 힘들 거 같아요.

그렇죠. 당시에도 이런 방식으로 공무원 생활을 했던 건 저밖에 없었을 거예요.

서울시 전역의 하수도 맨홀을 조사해서 《서울시하수도대장》을 제작

《서울시하수도백서》 다음에는 《서울시하수도대장》도 만들었다고 알고 있습니다.

맞아요. 그것도 만들었어요. 하수도가 얼마나 묻혔는지를 파악하는 거였어요. 그때 설계사무소 3~4곳에 용역을 맡겼어요. 길을 가다 보면 어느 길이든지 아래에 하수도가 묻혔으면 맨홀이 있어요. 30m 구간으로 말이죠. 그러면 거기에 하수도가 들어갔다는 거죠. 뚜껑 열어보면 관 크기가 있어요. 그러면 하수도 크기가 얼마인지, 높이가 얼마인지, 뭐 이런 걸 조사하는 거죠. 또 길 옆에는 빗물받이라는 게 있어요. 가정에서 빗물이 맨홀로 들어가거든요. 그것들을 다 조사한 다음에 하수도지도를 그리고 대장을 만들었죠.

지도는 현황도에 그렸어요. 현황도에는 지번이 다 있거든요. 거기에 집어넣고 트랜싱을 해서 원본에 청사진을 구웠어요. 2부를 만들었어요. 그리고 하수도대장은 유역별로 구분했어요. 어디 구역인지, 어디 구역인지 구분해서 말이죠. 다 만들어서 구청에 1부씩 주고, 서울시 하수과에 1부를 보관했죠.

서울시 전체를 조사하는 데 기간은 얼마나 걸렸나요?

기억이 안 나요. 그건 기록에도 없어요. 일단 1년 내내 했으니까 아마도 1년 정도 걸린 것 같아요. 연초에 시작해서 해를 넘기기 전에 완성했거든요. 그때는 그런 생각을 했던 거 같아요. 이제 도시를 개발하려면 도면도 있어야 하고, 자료도 있어야 한다고 말이요. 땅속에 뭐가 묻혔는지 관리를 해야 하거든요. 찌꺼기도 들어오고, 토사도 들어오고 하거든요. 그러면 전부 긁어내야 해요. 그런데 그러려면 도면이 있어야 해요. 없으면 관리하기가 힘들어요.

백서를 만들면서 10개년 계획을 구상했어요. 도면을 만들면서 전체 하수도가 얼마큼인지, 토관으로 되어 있는 건 얼마큼인지, 그리고 하천 중에 복개한 구간이 얼마큼인지, 조사를 다 했으니까 가능한 거죠. 하수도 길이가 몇 미터인지, 하천을 얼마큼 복개할 것인지 등을 분석했어요. 그리고 구청에는 예산을 얼마큼 줘야 하는지, 시청에서 발주해야 하는 큰 공사는 얼마큼 되는지, 그런 거를 돈이랑 물량을 계산했죠. 그렇게 해서 앞으로 10년 동안 서울시 전체 하수도를 100%로 만든다는 10년 계획을 만들어서 예산을 올리는 거예요.

서울시에 서울대 공대 동기들이 많아

이번에는 당시의 일상에 대해서 여쭤볼게요. 그때 선생님이 받은 급여는 얼마나 됐나요?

3만 원 정도 됐던 거 같아요.

다른 일반 직장에 비해서는 어땠나요?

공무원 급여는 적었어요. 그래서 공무원이 되려고 안 했어요. 전부 한전이나 다른 기업으로 많이 갔어요.

《서울시하수도백서》나 《서울시하수도대장》을 만든 다음에 서울시 차원에서 격려를 받았나요?

《서울시하수도백서》를 만들고 나서 대통령상을 받았어요. 그때가 1966년 8월 15일이었어요.

서울시에서도 그 일이 중요한 것인지를 알았던 거네요. 대통령상을 받으려면 시장이 청와대에 상신을 했을 테니까요. 어쨌든 시장이 《서울시하수도백서》나 《서울시하수도대장》의 가치를 알아보고 치하를 한 거네요?

시장은 그런 걸 챙기지 않았어요. 그런데 그때 백서 안에 머리말이 김현옥 시장 이름으로 나갔어요. 물론 우리가 써가지고 시장한테

김현옥 시장(1966년)

가져가서 백서에다 머리말을 넣겠다고 해서 허가를 받은 거였어요. 그래서 김 시장이 《서울시하수도백서》라는 걸 알았던 거죠.

주변 공무원들은 뭐라고 그랬나요?

아무도 모르죠. 백서가 뭔지, 제가 뭘 하는지, 옆의 직원들도 몰라요.

당시에 선생님 직급이 어떻게 됐었죠?

1966년이니까 기사보였을 때에요.

백서 만드는 것 이외에 원래 주어진 업무의 양은 어땠나요? 왜냐하면 백서

나 대장 만드는 일은 사전에 계획된 일이 아니었으니까 기존에 맡으셨던 업무도 있으셨을 텐데요. 어떠셨나요?

백서를 만들 때는 출근 안 했어요. 여관에서 합숙을 했죠.

출근을 안 하셨나요?

여관에서 주야로 백서를 만들었어요. 그건 과課에다가 보고를 하고 합숙을 한 것 같아요. 안 그러면 밥값도 지원을 안 했겠죠.

기상청 자료를 가져다 강우량 재계산

백서를 보니까 강우량을 다시 계산했다고 나와 있습니다. 그건 하수도와 관련이 있나요?

하수도관을 묻으려면 비가 얼마큼 올지를 생각해야 해요. 관의 단면을 계산해야 하는 거죠. 제일 큰 토관 직경이 1m 50cm 짜리에요. 그 이상은 콘크리트 박스거든요. 하천의 물이 얼만큼 내려가는지 홍수 계산을 해야 해요. 그게 강우강도거든요. 비가 시간당 30mm 왔는지, 100mm 왔는지, 계산을 했어요. 일제강점기 때 자료는 기상대에 가면 있어요. 1년 내내 비 오는 날짜는 얼마인지, 비가 몇 mm 왔는지, 그 자료를 기상대에 가서 가져왔어요. 비 오는 강도에 따라서 하수도관 단면을 결정해야 하거든요. 예를 들면 상류 쪽에서 하류 쪽으로 갈수록 하수도관의 크기를 크게 해야 돼요. 그걸 계산하는 거죠. 100년 중에 가장 큰 강우량을 기준으로 만들었어요.

100년 중에 가장 큰 기준으로 만들었다는 것은 무슨 의미인가요?

기상대 자료 가운데 3년, 5년, 10년, 20년, 30년, 50년, 100년, 이렇게 7개를 선택한 다음에 최소자승법[10]을 적용해서 계산을 한 거예요. 그렇게 해서 작은 하천은 대략 10년마다 제일 많이 오는 강우량 강도로 단면 설계를 하고, 더 큰 하천이면 30년마다 제일 많이 오는 강우량 강도로 단면 설계를 하고요. 이런 걸 적용하기 위해서 강우강도 공식을 만들었던 거죠.

그러니까 100년에 한 번 있을 만한 강우강도는 제일 큰 지류의 하천에 적용해서 설계하고, 작은 지류는 작은 값을 적용해서 하수도관의 단면을 결정했다는 거네요.

그렇지요.

강우량은 기상청 자료를 가지고 한다면 우수량은 어떻게 계산하죠?

우수량은 유역流域을 계산해야 돼요. 청계천에도 본천 말고 지선이

---

10 최소자승법(最小自乘法, Method of Least Squares)은 측정값을 기초로 해서 적당한 제곱합을 만들고 그것을 최소로 하는 값을 구하여 측정 결과를 처리하는 방법이다. 최소제곱법이라고도 한다.

있으면 능선이 있어요. 시내가 평지라고 해도 엄밀하게는 평평하지 않아요. 평지도 능선이 있어요. 그러니까 지도를 펼쳐서 능선을 보면서 면적을 계산해요. 이 지선은 전체 길이는 얼마인지, 전체 지선이 몇 평방미터인지, 계산이 나오잖아요. 그리고 비는 땅속으로 들어가는 것도 있지만 지상으로도 흐르는 것이 있어요. 그걸 계산하는 거예요. 유량을 계산하면 단면이 나오는 거죠. 그 값을 구해서 하수도관을 묻는 거지요.

1966년에 10개년 계획을 세우셨는데요. 그러면 1976년까지 계획대로 서울에 하수도를 다 묻었나요?

예산이 그만큼 안 나왔어요. 제가 구상한 만큼 예산을 올리면 다 주는 게 아니고 좀 깎거든요.

하수도관 매립공사 모습(1976년)

나중에 하수처리사업소 소장을 하실 때에는 직원이 모두 몇 명 정도 있었나요? 청계천하수처리장이랑 중랑천하수처리장 다 합쳐서요.

제가 기억하기에는 청계천이랑 중랑천을 합쳐서 280명 정도 데리고 있었을 거예요.

하수처리사업소 조직을 관리하는 데 어려움은 없었나요?

기계과 나온 사람, 토목과 나온 사람, 화공과 나온 사람, 대충 분리를 해서 배치하면 크게 어려운 건 없어요. 사업소에도 부서들이 있으니까요. 각자 하는 일이 달라요. 예들들면 화공 쪽 사람들은 샘플을 떠서 BOD[11]가 얼마인지 보는 거죠. 들어오는 BOD는 보통 10ppm를 넘고 20ppm 정도였어요. 그러면 나가는 물은 BOD가 2ppm 이하로 해야 해요. 상수도용으로 쓸 수 있는 맑은 물로 방류시키는 거죠. 그런 일을 화공과에서 하는 거예요. 일반행정을 보는 서무계가 있고요. 그리고 토목과 사람들은 공사를 하고, 기계과 사람들은 장비가 들어오면 감리하고 감독하고, 사람들을 그렇게 배치해서 돌아가게 하는 거죠.

근무는 야간에도 했나요?

관리하는 사람들은 주야로 해야 해요. 교대를 하는 거지요. 야간에

11 생화학적 산소요구량(Biochemical Oxygen Demand)을 말한다. 물이 오염된 정도를 나타내는 지표로 높을수록 오염이 많이 된 물이다. 소요되는 용존산소의 양을 mg/L 또는 ppm으로 나타낸다. 일반적인 하천에서는 5ppm이 되면 자정능력을 잃었다고 보며, 10ppm을 넘으면 악취가 난다.

청계천하수처리장 준공식에 참석한 최규하 국무총리와 구자춘 시장(1976년)

도 계속 운전해야 하는 게 있거든요.

사업소 직원들이 문제를 일으킨 건 없었나요?

그런 건 없었어요. 제가 직원들 다루는 건 일가견이 있었거든요. 제가 지시하면 잘 들었어요. 직원들이 모르면 제가 가르쳐 가면서 했거든요. 그래서 제 얘기는 잘 들었어요.

이전에는 그렇게 많은 인원을 관리해 본 경험이 있으셨나요?

없었죠. 그런데도 뭐 잘 되더라고요.

영국의 하수처리장 견학 당시 정화된 물을 마시는 것을 목격하고

소장으로 계실 때 특별히 기억나는 일화가 있으신가요?

제가 영국에 출장을 한 번 가본 적이 있어요. 기계 만드는 회사에요. 그러면서 그쪽 하수처리장도 견학을 하고요. 보름 정도 갔다 왔지요. 그런데 거기 소장이 처리되서 나가는 물을 컵에 떠 가지고 자기가 마시더라고요. 그게 참 기억이 나더라고요.

하수처리를 하면 BOD가 2ppm 정도라고 하셨는데요. 그 정도면 수질이 어느 정도인 건가요?

보통 하수도에서 들어오는 BOD는 10ppm 정도 돼요. 그 이상도 있고요. 공업용수는 3ppm 정도 되고요. 하천에서 끌어다가 공장에 쓰는 용수를 공업용수라고 하는데, 3ppm도 맑아요. 우리는 정화한 물을 한강으로 방류를 시키는데 선진국의 경우에는 하수처리장에서 정화한 다음에 바로 상수도로 써요.

정화해서 바로 상수도로 쓰는 나라가 있다고요?

예, 맞아요. 우리는 그걸 안 하고 있어요. 한강으로 방류시키죠. 우리는 원수原水가 충분하니까 한강물을 당겨다가 쓰거든요. 상수도

사업소에서 정화해서 말이죠. 한강 물은 항상 많잖아요. 그리고 지금은 하수처리가 거의 100%일 거예요. 다 수용이 가능해요.

하수처리장에서 걸러서 나오는 물이면 어느 정도 수준인 건가요?

하수처리 구조를 알아야 해요. 간단하게 말하면 하수가 펌프로 퍼서 하수처리장으로 들어와요. 들어오면 맨 처음에는 펌프장에서 망으로 크게 걸러내요. 그다음에 최초 침전이라고 탱크에 물을 가둬요. 사각형 모양도 있고, 원형도 있어요. 청계천 하수처리장이 10만 톤 규모였는데도 1차 탱크가 6개 있었어요. 어쨌든 그러면 하수의 찌꺼기나 미세한 먼지도 가라앉아요. 그다음에는 폭기조라고 있어요. 물속에 공기를 집어넣어요. 물에서 와류가 일어나게 말이죠. 그러면 거기에 미생물이 생겨요. 미생물을 배양하는 거라고 생각하면 돼요. 그러면 폭기조를 지나서 침전지로 가요. 거기서 미생물이 균을 전부 먹어요. 그러면 물이 맑아지는 거죠. 그렇게 한 다음에 방류했어요.

영국 사람은 그 물을 먹었다는 거죠?

네, 맞아요. 물론 저는 안 먹어봤어요. 그리고 거기에 염소처리도 해요. 탱크에 자갈도 넣고, 숯도 넣어요. 탱크에서 나가는 물을 그곳을 통해서 내보내요.

사업소 소장은 언제까지 하셨나요?

1976년부터 1981년까지 했으니까 5년을 했네요.

구청 근무 당시에는 국회의원이 민원을 들고 찾아와

1981년 6월에 본청 하수국 취수과장으로 가셨습니다. 어떤 일을 하셨나요?

취수과장으로 가면서 승진을 했어요. 시설기정이 되지요. 그러다가 동대문구랑 강남구를 갔어요. 강남구는 아직 서초구가 나눠지지 않았을 때였어요. 그때 본청 과장에서 구청으로 가면 보통은 국장으로 가게 되요. 동대문구에서는 건설국장, 강남구에서는 도시정비국장으로 가고요. 나중에 1988년에 다시 본청의 도시계획과로 갔죠.

구청에서는 어떤 업무를 맡았나요?

구청 하수도 공사도 하고, 하수도 예산도 따고, 도로 닦고 관리하는 걸 했어요. 그러려면 국회의원들하고 협조를 해야 해요. 예산을 확보해야 하잖아요. 그리고 의원들도 국장을 찾아요. 그 지역에 하수도나 도로 같은 걸 놓아야 인심을 얻거든요. 민원을 들고 와요.

국회의원들이 지역 민원을 들고 국장실에 왔던 거네요.

예, 그렇죠. 예산을 가지고 오는 거죠. 나중에 하수도나 도로 기공식 할 때 국회의원들이 같이 오고 그랬죠.

대략 1982년부터 1987년 6월까지 동대문구청하고 강남구청에 계셨는데요. 구청에 계실 때 인상 깊은 일이 있었나요?

그때가 이제 강남 개발이 막 되던 때였어요. 한창 아파트 짓고 공사 많이 할 때죠. 그러니까 구청 국장실에 민원인이 많이 와요.

민원 내용은 주로 어떤 게 있었어요?

민원은 주로 철거민들이 와요. 무단점용한 시설물을 철거할 때 민원이 많이 오죠. 또 아파트 지을 때 좀 높게 지으면 기존에 있던 사람들이 일조권 침해한다고 떼로 몰려와요. 국장실 방이 꽉 차요. 밖에서도 모이고요. 또 아파트 근처 코너에 주유소 같은 게 들어오면 못 들어오게 몰려오고요. 그러니까 학교 학부모랑 주민들이 오죠.

그럼 어떻게 처리했나요?

거기에는 주모하는 사람이 있어요. 그 사람이 누군지 안 다음에 그 집에 찾아가요. 가면 대접을 잘 해줘요. 커피도 주고요. 그러면서 대화를 했죠. 제발 데모를 막아달라고 하는 거죠. 그래서 해결되는 경우도 더러 있었어요.

강남 개발 당시 지어지던 아파트 단지(1976년)

구청 도시계획국이면 재개발도 담당했나요?

강남은 새로 개발하는 데니까 재개발할 건 없었어요.

그러면 토지구획정리 같은 건 맡으시지 않으셨나요?

토지구획정리는 본청의 구획정리과에서 다 했죠. 그쪽 민원은 본청으로 달려가요. 어쨌든 민원 해결하다가 하루가 다 갔어요.

구획정리과장 재직시 수십 년 묵혀둔 체비지 일체를 매각

1987년 7월에 본청으로 들어가서 도시계획국 구획정리과장으로 가셨습니다. 당시에 주로 어떤 업무를 맡으셨나요?

구획정리과니까 땅을 분배하는 일을 했죠. 구획정리를 해서 말이죠. 그러니까 민원이 많아요. 체비지 파는 일도 맡고요. 그리고 구획정리는 특별회계로 들어가요. 일반회계로 안 가고요.

어떤 의미에요?

구획정리하면서 체비지가 나오면 그게 일반회계로 가지 않고 특별회계로 들어간다는 말이에요. 그러니까 민원이 많더라고요. 제가 구획정리과장을 하면서 보니까 그런 곳이 있더라고요. 구획정리를 하기는 했는데 청산을 안 하고 계속 체비지를 가지고 있는 거예요. 청산을 해야 일반회계로 넘어가거든요. 심지어 일제강점기 때 구획정리한 체비지까지 갖고 있더라고요.

왜 그런 일이 생겨나는 건가요?

원래 자기 땅은 좋은 데 있었는데 나쁜 땅을 줬다는 거죠. 갖고 있던 건 코너에 있던 땅인데, 중간이나 뒤쪽 땅을 줬다는 거죠. 분배를 할 때 공무원이 생각을 안 했는지, 아니면 돈을 얻어먹고 좋은 땅은 다른 데 보냈는지, 하여간 그런 민원이 제일 많았어요.

토지구획정리를 한 다음에 일을 완전히 끝내려면 구획정리한 토지를 원주인들한테 분배하고 체비지는 팔아서 매각대금을 일반회계로 넣어야 하는데 분배를 못하고 계속 민원으로 남아있었다는 거네요.

그렇죠. 제가 가서 보니까 체비지도 안 팔고 30년 전의 것을 민원으로 계속 가지고 있는 것도 있었어요.

왜 그랬을까요?

저도 잘 모르겠어요. 개인적으로 생각하면 하여튼 돈 관계가 있을 것 같아요. 그래서 제가 이거를 곰곰이 생각해 보니까 청산을 해야겠더라고요. 안 되어 있는 곳이 30여 곳 정도 됐어요. 일단 실태조사를 하라고 용역을 줬어요. 어디에 얼마큼 체비지가 남아있는지 조사를 시켰어요. 그런데 보니까 체비지를 팔 때 값을 정하는 게 어려운 것 같아요. 매매 때 민원이 많으니까 그것 때문에 피하고 끌고 왔더라고요. 그래서 제가 시장 결재까지 맡아서 청산을 해서 일반회계로 넘겨줬어요.

매각하니까 얼마 정도 나왔나요?

확실한 기억은 없는데 500억 원 정도 됐을 거예요. 시장도 일하려면 돈이 있어야 해요. 그런데 구획정리를 해도 특별회계로 잡히니까 시장도 맘대로 쓸 수가 없거든요. 그런데 청산하니까 일반회계로 500억 원이 들어온 거죠. 시장이 좋아서 입이 귀에 걸려요. 그 돈으로 하고 싶은 사업을 하게 되거든요.

그때 시장이 누구였나요?

염보현 시장 때였을 거예요.

그 일에 얼마나 걸렸나요?

6개월 정도 걸린 거 같아요. 하여튼 이상하다고 생각했어요. 왜 이거를 30년 동안 계속 청산을 안 했는지, 도대체 이해가 안 가더라고요.

염보현 시장

물어보지는 않았어요? 전임자나 다른 직원들한테 말이죠.

뭐 하여튼 많이 걸리는 게 있었으니까요. 어쨌든 정산을 안 하면 자꾸 민원이 생기죠. 그 많은 민원을 계속 해결을 못 하면서 내려온 거고요.

민원을 안 생기게 하려면 정산을 해야 한다고 말씀하셨는데요. 그런데 반대로 생각하면 정산을 하는 과정에서 민원이 생기지는 않았나요? 구획정리가 된 토지를 분배하면서 민원이 생겼을 것 같아요.

정산을 해버리면 일반회계가 돼요. 그러면 민원이 와도 고쳐줄 수가 없는 거죠. 일반회계에서는 민원을 받을 수 없어요. 일이 완전히 끝나는 거죠. 돈과 관련된 민원들이기 때문에 쉽지 않죠.

구획정리를 마무리 지으면서 민원 요구는 없었어요?

과장으로 있으면서 그런 민원들을 받았지요. 그래서 다 처리한 거고요. 다른 사람들한테 물어봐도 청산이란 걸 모르더라고요. 그냥 민원으로 끌고 왔죠. 제가 구획정리과에 가서 좋은 일 많이 했던 거예요.

청산한 지역은 주로 어디가 많았어요?

서울 전 지역에 다 있었어요. 강북도 있었고, 강남도 있었어요.

서울시 명예퇴임 1호가 되다

이후에 1992년에 하수국장으로 계시다가 명예퇴임을 하셨습니다. 당시 서울시 명예퇴임 1호라고 알고 있습니다.

예, 맞아요. 정년을 1년 남겨놓고 명예퇴임을 했죠. 서울시에서 제가 처음이었어요. 후임들한테 자리를 물려주려고 제가 인심을 썼죠. 어떤 사람들은 정년이 되도록 못 올라가는 사람들도 많아요. 제가 나가면 후배들이 국장으로도 가고, 그다음 후배들도 과장으로도 올라가는 거죠. 밑의 사람들이 굉장히 좋아하지요. 그때 서울역 위쪽 염천교 건너편에 큰 중국집이 있어요. 거기서 구청, 사업소, 하여튼 사무관급 이상, 또 국장실 직원까지 전부 거기서 환송회를 해줬어요. 플래카드도 치고 그랬어요. 하여튼 엄청나게 환영을 받았어요. 그리고 70돈짜리 금열쇠도 주더라고요. 제가 나가면 줄줄이 승진하잖아요. 그런 것 때문에 상당히 환영을 받은 거지요.

네, 오랜 시간 면담해주셔서 감사합니다. 인터뷰는 이것으로 마치겠습니다.

“

청계천 바닥에

나무 말뚝을 박았어요.

그 위로

콘크리트를 올리는 거죠

”

면 담 자 임미리(한국학중앙연구원)

면담주제 1960년대 서울시정과 공무원들

면담일시 2016년 9월 7일

면담장소 광화문 모임공간 ‘토즈’

손의창

1934년	경기도 김포 출생
1953년	성동고등학교 졸업
1953년	서울시 토목과 취수계 근무
1961년	서울시 퇴직 후 건설회사 운영
2020년	작고

창신동 채석장 인근에 거주한 인연으로 서울시 임시직 근무

이번 면담은 '1960년대 서울시정과 공무원들'이라는 주제로 실시하는 서울역사편찬원의 구술채록사업입니다. 오늘은 손의창 선생님을 모셨습니다. 선생님께서는 서울시 토목과 직원으로 근무하셨고, 청계천 복개공사 당시 보조감독으로 근무하셨습니다. 우선 어린 시절과 서울시에서 일하게 되신 과정에 대해 말씀을 부탁드리겠습니다.

제가 김포 출신이에요. 대곶면 율생리라는 곳에서 태어났어요. 아버지는 제가 어릴 때 돌아가셨어요. 그때 아버지 나이가 서른여섯이었죠. 일제강점기 때 안성면에서 공무원으로 일하셔서 어머니랑은 따로 살고 있었지요. 그때 저랑 형이 둘 있었고 누이동생 하나가 있었어요. 어머니가 다섯 식구를 데리고 살았어요. 저희 마을에 손씨 집이 4~5군데였어요. 할아버지도 한 동네에서 살았죠. 그런데 1~2년 그렇게 있으니까 도저히 생활이 안 되셨나 봐요. 집안에서 반대가 많았는데도 우리를 끌고 서울로 올라오셨어요.

그렇게 4~5년 정도 있으니까 6·25전쟁이 났어요. 그때 저희 큰형이 이북으로 갔다가 실종됐어요. 작은형은 군인이었다가 일선에서 부상당하고 부산의 육군병원에 있다가 집으로 왔어요. 상이병사가 된 거죠. 저도 국민방위군[01]에 끌려갔어요. 진해였던지, 진주였던지, 일주일이었던가, 열흘이었던가, 걸어갔어요. 그렇게 가서 훈련을 받고 있었는데 봄이 되니까 사람들이 병이 났어요. 시설이 나쁘니까 다들 병에 걸린 거죠. 제가 16살이었어요. 제일 어린 편이었죠. 그러니까 집으로 가라고 하더라고요.

고생을 많이 하셨네요.

집에 와서 가만히 생각해 봤어요. 어머니가 저희들을 데리고 있는데, 아들 중 하나는 막말로 이북으로 갔고, 하나는 상이군인이죠. 이 지경인데 뭘 어떻게 하겠어요? 어리지만 제가 뭐라도 나서야 했죠. 마침 우리 집이 동대문구 숭인동 산자락이었는데, 집 앞에 서울시 사업소가 있었어요. 숭신동이랑 창신동에 채석장이 있었거든요. 그러니까 사업소 뒤에 저희가 살고 있었던 거죠. 제가 사업소를 많이 왔다 갔다 하고 그랬어요. 덕분에 고등학교 졸업하고 임시직으로 들어가게 되었죠.

---

01 국민방위군은 1950년 12월 21일 제정된 〈국민방위군설치법〉에 의하여 만 17세에서 40세 미만의 남성 중 현역으로 동원되지 않은 병력 자원 중 일부를 제2국민병으로 조직한 군대이다. 약 50만 명의 장정을 전국 각지 51개 교육연대에 분산 수용하여 국민방위군을 편성하였다. 그러나 동원과 수송, 훈련과 무장을 위한 예산 확보 및 행정상의 조처를 미처 마련하지 못하였고, 간부급도 대한청년단 단원들을 뽑아 갑자기 현역계급으로 임관했기 때문에 지휘 통솔이 제대로 이뤄지지 않았다. 게다가 국민방위군 지휘 간부들의 군예산 착복까지 겹쳐지면서 병력 1,000여 명의 아사 및 동사자가 발생하였고, 수만 명이 영양실조에 걸렸다. 결국 정부는 1951년 2월 17일 36세 이상의 장정들을 귀향시켰으며, 이어 국회 결의에 따라 5월 12일 국민방위군을 해체하였다.

오늘날의 창신동 채석장 주변 모습

고등학교는 어디를 다니셨나요?

성동고등학교를 나왔어요. 고등학교를 나오면 바로 시청 임시직으로 들어갈 수가 있었어요. 저도 우선은 여기저기 측량하러 1년 정도 다니다가 청계천 공사를 시작하게 되었어요.

서울시 사업소에 들어갔을 때가 몇 년도였나요?

고등학교 졸업할 무렵에 전쟁이 끝났어요. 1953년 무렵이었어요.

처음 서울시 사업소에 가셨을 때 어떤 일을 맡으셨나요?

처음에는 측량보조였어요. 여기저기 다녔어요. 중랑천이고, 대방천이고, 여기저기 다니면서 측량하는 게 일이었죠. 그때 서울시에 예산이 없으니 일이 없었어요. 겨우 하는 게 제방 쌓는 거 정도였어요. 그런 거 하다가 청계천을 복개했던 거죠.

서울시 사업소에서 일하시던 분들이 전부 청계천 복개사업으로 투입됐나요?

4~5명 정도가 설계하러 갔고, 또 다른 4~5명이 토목 일을 하러 갔어요.

광교에서 종로3가까지는 대림산업, 종로4가부터는 현대건설에서 공사

복개공사를 처음 시작하러 갔을 때 청계천의 상황은 어땠어요?

그 당시 청계천은 뭐 이루 말할 수도 없었죠. 청계천 옆이 쭉 이렇게 판자촌이었잖아요.

당시에 판잣집에는 사람들은 많이 거주하고 있었나요?

하여튼 다 영업하던 곳이었어요. 죄다 장사나 술집들이었죠. 주거용이 아니라 임시 가건물 같은 거였어요. 영업할 장소만 있으면 들어가서 장사하고 그랬어요. 주거는 아니었어요. 그러면서 대소변하고 오물을 다 물에다 버렸어요. 하수 시설도 안 되어 있었으니까요.

청계천 복개사업을 할 때 처음에는 어떤 공사부터 했나요?

철거하기 전에 먼저 옹벽 공사부터 시작했어요. (판잣집들) 철거하기가 어려우니까 그 공사부터 미리 했죠. 그리고 구간별로 건설업체들이 달랐어요. 광교에서 광화문 동아일보사가 있는 곳까지는 대림건설[02]에서 했고, 종로4가부터 동대문 쪽까지는 현대건설[03]이 하고, 그런 식이었어요. 그때는 대림에서 많이 했어요. 현대가 힘이 좀 없었거든요. 현대가 처음 사업을 시작했을 무렵이니까요. 영 진전이 없었죠. 대신에 대림은 쭉쭉 내려왔어요. 대림에서 거의 다 했다고 봐야 해요. 현대에서 종로4가에서 5가까지 하는 동안에 대림에서 종로4가까지 먼저 다 하고, 현대가 했던 구간을 건너뛰고 나머지 구간, 그러니까 동대문 밑에서부터 또 시작했죠.

---

02 대림건설은 1956년 10월 천광사로 시작하였으며, 1974년 삼호주택으로 사명을 변경하였다. 1986년 대림그룹에 편입되었고, 2020년 고려개발과 합병하여 상호를 대림건설로 변경하였다. 2021년 3월 DL건설로 변경하였다. 경부고속도로, 청담아파트, 삼호아파트 등의 건설에 참여하였다.

03 현대건설은 1947년 설립된 현대토건사로 시작하였으며, 1950년 현대자동차공업사를 합병하고 현대건설사가 되었다. 경인고속도로, 남산1호터널, 경부고속도로, 남해대교, 서산간척사업, 새만금간척공사 등을 수행하였다.

지금과 다르게 그때는 현대건설이 규모가 작았던 시기였나요?

네, 맞아요. 그리고 현대는 일을 늦게 했어요. 일을 되게 못했다는 얘기였죠. 그때는 그렇게 힘이 약했어요. 지금과는 전혀 다르죠.

공사 현장에서 선생님께서는 시공사 인부들을 감독하는 일을 하신 건가요?

그렇죠. 주로 감독하고 측량해 주고 그랬어요. 철근 같은 거 배치하는 것도 감독하고요.

측량은 구체적으로 어떤 작업이었나요?

하천 바닥에 말뚝 박으면 간격을 측량해 줘야 하거든요. 기둥을 세워야 하니까요. 동대문 구간을 공사하기 이전에는 나무 말뚝으로 박다가 나중에는 공구리(콘크리트) 작업을 했어요. 나무 말뚝을 하천에 박고 그 수면 위로 공구리랑 철근도 함께 까는 거죠. 철근은 거의 원조로 들어왔던 걸로 기억해요. 철근이 귀했거든요.

공사 당시에 하루 일과가 어땠나요?

바로 현장으로 출근했어요. 아침에는 사무실 갈 일은 없었거든요. 현장 일은 새벽에 갔다가 저녁때 일이 끝나면 들어가고 그랬어요. 그리고 출근 시간은 따로 정해져 있지 않았어요. 일하는 대로 현장으로 나왔으니까요. 퇴근도 그랬어요. 지금은 공구리(콘크리트) 친다고 하면 레미콘이 오잖아요. 그런데 그때는 다 지게에 지고 와서 기계로 돌려서 (공사를) 했어요. 사람들이 다 거기에 붓고, 시멘트를 푸고 비벼서 도르래로 나르고 했죠. 사람들이 무척 많이 필요했어요.

공무원은 현장에 많이 있었나요?

공무원은 그렇게 많지 않았어요. 많을 이유가 없었어요. 배근配筋을 잘하는지, 그러니까 철근을 잘 채우고 박는지, 콘크리트가 잘 비벼지는지, 그게 중요하니까 그 이외에는 사람이 그렇게 많을 필요는 없어요. 물론 콘크리트 작업할 때는 사무실에서 직원들이 많이 나오고 그랬죠.

공사 중에도 무허가 가게들은 계속 영업했나요?

그럼요.

가게의 화장실에서 나오는 오물들도 여전히 개천으로 버려졌겠네요.

그때 화장실이 어디 있겠어요? 그냥 다 개천으로 버렸죠. 당시에는 하수下水하고 우수雨水랑 분리가 안 돼 있었어요. 그냥 막 버렸어요. 그래서 우리가 측량하려고 들어가려면 시커먼 장화를 신고 다녀야 해요. 개천 다리에 오물이 차서 1년 동안 때가 안 없어졌어요.

수질은 어땠나요?

그냥 다 오수였어요.

개항기 청계천에서 빨래하는 여인들

100년 전 옛날 사진들을 보면 청계천에서 빨래하던 장면들도 있는데요. 선생님이 계셨을 당시에는 그런 건 가능했나요?

불가능했어요. 그때보다 더 옛날에나 빨래했죠.

정주영 현대건설 사장, 현장 소장을 자주 교체

몇 년 동안 이쪽 청계천사업에 투입되셨을 당시 에피소드나 기억나시는 일은 없으셨나요?

그때 현대건설이랑 대림건설이 들어왔어요. 대림 쪽 현장은 일이 순조롭게 계획대로 다 잘됐지요. 그런데 현대 쪽은 제대로 안 되는 게 많았어요. 자꾸 차질이 생기고 그랬어요. 그때 우리는 일하고 밤에 집에 가서 잤어요. 그래야 아침에 일찍 나오잖아요. 그런데 정주영 씨는 밤에도 나오고, 공구리할 때는 새벽에 나오고 그랬어요.[04]

정주영 회장이 직접 나왔나요?

네, 그랬어요. 그때 그 양반이 아마 50세 정도 됐을 거예요. 자기가 지프차 끌고 다녔어요. 현장에 가보면 그 양반은 새벽에 이미 와 있어요. 소장은 5~6시 정도에 오거든요. 소장은 일찍 나와봐야

---

04 정주영(1915~2001)은 1915년 강원도 통천군에서 태어났다. 1930년 송전소학교를 졸업하였고, 1937년 9월 경일상회라는 미곡상을 시작했으며, 1940년 '아도서비스'라는 자동차 수리공장을 인수하였다. 그 뒤 1946년 현대자동차공업사를 설립하였다. 1947년 현대토건사를 설립하면서 건설업을 시작하였고, 1950년 현대그룹의 모체가 되는 현대건설사를 설립하였고, 1971년 현대그룹 회장에 취임하였다. 1992년 통일국민당을 창당하였고 같은 해 12월 제14대 대통령선거에 통일국민당 대통령 후보로 출마하였다.

별로 일할 것도 없어요. 그러니까 정 회장한테도 일찍 나올 필요가 없다고 얘기했죠. 그런데도 본인이 나오는 거죠. 그렇게 일찍 나와 보면 아무도 없는데 새파랗게 젊은 감독 놈 하나만 있는 거예요. 그러니까 화가 좀 나는 거죠. 화가 나니까 소장을 몇 번 바꿔 버리더라고요. 그때부터 그분 일하는 스타일이 보였어요.

그때도 정주영 회장이 유명했어요?

뭐, 그때는 전혀 아니었죠. 현장에서 일은 그 양반 혼자 하다시피 했어요. 그때는 참 어렵게 일했어요. 현대건설은 일 속도가 늦었어요. 반면에 대림건설은 틀이 잘 잡혀서 쭉쭉 나갔던 거죠. 현대는 그게 안 됐거든요. 본인이 현장에 다녀봐도 영 일이 되질 않았어요. 그러니까 소장을 계속 바꾸는 거죠. 질책하는 거였죠.

소장 밑에 직원은 몇 명이나 있었어요?

콘크리트 작업할 때마다 달라요. (콘크리트 반죽을) 붓기 전에 말뚝이나 철근 작업할 때는 그렇게 많지 않아요. 철근 때는 좀 많긴 하네요. 그다음에 콘크리트를 부을 때 인원이 제일 많았어요. 그때는 콘크리트 비비는 기계가 있었어요. 거기에 모래를 다 넣고 비비는 장비였거든요. 그거 하나에 인부 몇 명이 붙어요. 자갈 치는 사람 4~5명, 모래 짓는 사람 2~3명, 시멘트 포대를 대는 사람이 10명, 그 정도 붙어요. 그러니까 기계가 7~10대 정도 있으면 인부가 대략 100명이 움직이는 거예요. 좀 복잡했어요. 먼지도 많이 나고요.

청계천 공사 중인 모습(1960년)

대단했어요. 그러니까 조직이 잘 안 맞으면 일이 늦춰지는 거예요. 현대건설은 그걸 제대로 못 맞췄던 거예요.

감독자는 업체별로 있었나요? 예를 들면 한 명의 감독책임자가 대림건설 구간을 담당하고, 다른 한 명이 현대건설 구간을 담당하는 방식으로 말이죠.

대림건설은 대림건설대로 일하고, 현대건설은 현대건설대로 일하는 거죠. 저는 왔다 갔다 하면서 감독했죠. 그때는 직원이 몇 명 없으니까요. 말하자면 주감독이 있기는 했어요. 대림을 맡은 주감독이 있고, 현대를 맡은 주감독도 있는 식이죠.

현대건설 작업량은 대림건설의 1/10밖에 안돼

대림건설이랑 현대건설이랑 작업량은 어느 정도 차이가 났었나요?

아마 제가 기억하기로는 현대가 대림의 1/10밖에 못 했어요.

인력 투입은 똑같은데도요?

그럼요. 인부는 똑같았어요. 방금 말했듯이 현장에서 대림은 쭉쭉 나가는데, 현대는 맨날 싸워요. 그러니까 현대는 일이 안 됐던 거예요. 대림은 계획적으로 잘해서 나갔던 거고요.

대림과 현대가 했던 구간들은 기억하시나요?

아까 말했듯이 현대는 종로4가에서 동대문까지 했어요. 그리고 대림은 광교에서 종로4가까지였고요. 그런데 현대가 제대로 못 하니까 동대문을 넘어서는 대림이 다 했어요. 그쪽이 폭도 넓고 일감도 더 컸어요. 그걸 대림한테 뺏긴 거였죠. 현대건설도 대림건설한테 뭐라고 할 말이 없었죠.

시청에서는 공사 기간을 가지고 재촉하지는 않았나요?

그때는 공사 기간에 그렇게 구애를 받지 않았어요. 그럴 이유가 없었거든요.

오늘날의 현대건설 사옥

작업 중에 사고라든지, 혹은 인부들끼리 다투거나 하는 일 같은 건 없었나요?

그런 건 없었어요.

공사현장 상황은 매일 서울시에 보고하나요?

사무실에 있는 일지를 매일 쓰죠. 사무실은 수시로 드나드니까요. 시청에는 매일 들어가지 않거든요.

공사 구간에 서울시 공무원이 몇 명 정도가 배치되었나요?

많이 배치했다고 볼 수가 없죠. 광교랑 동대문 쪽에 주감독들이 하나씩 있었고요. 계장이 가끔 왔다 갔다 하고요. 저는 주감독 밑에서 보조감독을 하고요. 전체로 보면 감독 일하는 사람이 5명 정도 됐던 거 같아요.

공사 현장의 함바집에서 식사, 퇴근 후 술은 청진동에서

공사하실 때 식사는 어떻게 했어요?

식사는 뭐 그냥 낮에는 현장 함바집(건설현장 식당)에서 먹었죠. 점심만 먹을 때도 있고, 저녁도 같이 먹을 때도 있고, 아침에 일찍 오면 현장에서 먹기도 하고 그랬어요. 현장에서 항상 식사를 할 수 있었죠. 제가 집이 수유동이라 비교적 가까운 편이었어요.

다른 사람들은 출퇴근을 어떻게 했나요?

사무실 출퇴근이야 뭐 각자 시간 맞춰 왔죠. 그런데 현장은 좀 달라요. 일할 때는 그 시간 이외에도 나와 있어야 하거든요.

판잣집 철거가 완료되지 않은 청계천 공사 현장(1967년)

선생님과 다른 공무원들과는 어떻게 지내셨나요? 기억나는 일화 같은 건 없으신가요?

다른 공무원들이랑 관계랄 건 별로 없었어요. 저랑 주감독하고의 관계가 컸죠.

술 같은 건 같이 마셨을 것 같은데요.

그냥 뭐 일할 때는 같이 잘 먹죠. 술 좋아하는 사람은 먹고, 안 먹는 사람은 안 먹고 그랬어요.

당시 청계천변에 있던 가게에 들어가서 드셨어요?

그러진 않았어요. 그 주변은 좀 후진 데였거든요. 그런 데는 안 들어갔어요. 주로 시청 뒤에 청진동 같은 곳에서 먹었어요.

술은 막걸리를 드셨나요?

그때는 보통 정종을 많이 먹었어요. 안주는 빈대떡이나 낙지 같은 걸 먹었죠.

청계천변 술집은 가난한 사람들만 이용

인부들하고는 관계가 어땠어요?

인부하고 우리 같은 감독들하고는 전혀 관계할 일이 없었어요.

인부들이 일을 제대로 못 하면 선생님이 지시하거나 감독하지는 않았나요?

우리가 인부들까지는 손을 안 댔어요. 그거는 현장소장이 하는 거죠. 우리는 일을 제대로 하는지, 안 하는지, 그런 걸 보는 거죠.

공사 구간에 있던 판잣집들은 한꺼번에 철거가 되나요?

공사를 하면서 조금씩 철거가 됐을 거예요, 슬라브 작업이나 콘크리트를 만든 다음에 철거 계획을 세우고 하는 거죠. 미리 철거했으면 일하는 데도 좋지만, 그게 안 되니까요. 우리가 일하는 거에 맞춰서 철거했던 거 같아요.

그때도 청계천변 가게들은 영업했었던 거죠?

그렇죠. 많이 했죠.

일반 서울 시민들이 술이나 식사를 하러 많이 들락거렸나요?

안 왔어요. 아주 어려운 사람들이 드나드는 데였거든요. 웬만한 사람들은 안 드나들었어요. 그리고 판잣집 뒤쪽에는 길이 있었는데 그냥 상가처럼 붙어 있었어요. 그때는 일에 방해되니까 일하면서 그쪽 사람들하고 맨날 싸우고 그랬죠. 그 사람들은 자기들 나름대로 좌판을 넓게 쓰려고 바깥에 천막을 다 쳐 놓아요. 그러면 우리가 현장에서 일하는데 걸리적거리잖아요. 우리는 현장 공간 확보해야 하고요. 그러니까 맨날 싸우는 거죠.

시장에는 어떤 가게들이 많았나요?

다들 천막 치고 장사했죠. 이것저것 다 팔았어요.

식료품 같은 걸 주로 팔았나요?

아니요. 식료품은 별로 없어요. 잡상인들이었어요. 공구상도 있었고, 의료용 물건을 팔기도 했어요.

청계천을 기준으로 한쪽에는 판잣집이 늘어져 있고, 판잣집 뒤에는 길이 있고, 그 길에도 무허가 건물들이 다 있었던 거네요. 그리고 그사이에는 천막을 치고 장사하는 사람들도 있었고요.

그렇죠.

처음에는 천변에 공사 자재를 적재했다가 복개하면 그 위로 옮겨

청계천 공사를 할 당시 감독자나 인부들은 출근하면 사무실에 모였나요?

저 같은 사람들은 출근하면 사무실로 나가는 거죠. 인부들은 숙소가 따로 있었어요. 인부들은 거기에서 나와서 일을 하는 거죠. 그리고 공사도 일단 구역이 계속 변해요. 한 구간을 복개하면 다음 구간을 공사하니까요. 그리고 도로가 좁으니까 싸움들이 많이 났어요. 콘크리트를 치면 넓어지지만, 그전에는 우리가 길을 다 차지하고 공사를 하니까 자리 자체가 없어지잖아요. 난리들을 치는 거예요.

자재들은 뭐로 날랐어요? 예를 들면 콘크리트나 이런 철근 같은 거는 무게가 상당히 나갈 텐데요.

다 사람이 날랐어요. 트럭이 들어오긴 했지만, 현장에서는 사람이

복개 공사 작업 중인 인부들(1968년)

다 했어요. 청계천 한쪽에 트럭이 들어와서 자재를 풀어 놓으면 현장까지는 인부들이 직접 옮겨오는 거죠.

공사를 할 때 처음에는 무엇부터 했나요?

제일 처음에는 청계천 바닥에 나무 말뚝을 박았어요. 그런데 거기가 암반이에요, 암반이 아니면 땅이 내려가고 기울어져요. 암반 위로 말뚝을 박고 콘크리트를 올리는 거죠. 그런데도 문제가 되니까 아예 콘크리트 파일concrete pile, 그러니까 콘크리트 말뚝을 만들어서 밑에 묻는 거죠. 그런데 동대문 위쪽은 암반이 높아서 말뚝을 잘라서 길이를 맞춰서 고정했어요.

나무 말뚝은 어떻게 고정을 하나요?

따로 고정하지 않아도 돼요. 말뚝이 암반에 들어가면 자연히 조금씩 박혀요.

암반이면 돌이 단단하지 않나요?

경도가 아주 높은 건 아니었어요. 아무래도 석회암 같은 돌이라서요. 조금씩 하면 박혀요. 움직이지 않을 정도면 공사가 되거든요.

움직이지 않을 정도로 돌에다 박아 놓고 그 위에 콘크리트 작업을 하는 거네요.

그렇죠. 그리고 말뚝을 한 곳에 하나만 박는 게 아니었어요. 한 곳에 4~5개씩 박고 거기에 콘크리트를 붓는 거죠. 당시에 청계천은 지반이 좋았어요. 덕분에 지반은 별로 신경을 안 썼어요. 암반도 깊지 않고 얕게 있으니까 암반까지 말뚝을 박거나 콘크리트를 내리는데 거의 애를 안 먹었어요.

미8군은 메탄가스가 폭발한다고 복개도로 주행을 기피, 결국 철거하고 다시 공사

그 위에는 합판을 까나요?

위에는 이제 철근 깔아요. 그러고 나서 또 콘크리트를 붓는 거죠. 일단 목수들이 틀을 만들고 철근을 쭉 깔아줘요. 철근 까는 게 꽤 꽤 복잡해요. 힘이 좀 들어요. 그런데 미8군에서는 여기 위험하다고 그러더라고요. 못 들어간다고, 경계한다고 그랬어요.

그거는 무슨 얘기예요? 미8군에서 청계천 공사 현장이 위험하다고 했나요?

예, 그랬어요. 공사한 곳이 부실하다고 했죠. 청계천 공사하면서 가스 처리가 안 됐다는 거예요. 메탄가스가 많이 나온대요. 그래서 미군들은 여기로 안 다닌다고 그랬어요. 한참 말들이 많았어요. 터질 거라고 그랬어요. 기사도 났어요. 그래서 뜯어내고 다시 공사했어요. 물론 우리는 (아까워서) 안 된다고 그랬거든요. 철거하면서 너무 아깝더라고요. 백년대계로 한 공사였잖아요. 손해가 컸어요. 제일 아까운 건 철근이었어요. 철근이 어마어마하게 들어갔거든요. 그런데 그런 철근이 다 고철이 된 거죠. 비싼 철근 갖다가 부순 거 아니겠어요? 그게 19mm 철근이었어요. 그 정도면 탱크가 다녀도 끄떡 안 해요. 길이도 6~7m 됐어요.

철근 간격은 얼마나 촘촘하게 넣나요?

역학적으로 계산을 해서 설계한 대로 놓아요. 간격도 어디에 얼마나 두꺼운 철근을 쓸 건지도 결정을 해야 해요. 말뚝이랑 말뚝 사이에 두꺼운 철근을 까는 거죠.

철근을 놓는 일이 많았겠네요.

많았어요. 그때는 그 일이 제일 컸어요. 철근하고 목수 일이 제일 많은 거예요. 말뚝을 박고, 파일을 놓고, 거기에 콘크리트를 부으면 이제 목수가 들어가서 거푸집을 만들고, 그 위에다가 철근을 깔고 콘크리트를 넣어서 만드는 거였죠.

청계천 복개공사한 것을 다시 뜯어내는 게 많이 아까우셨던 거 같아요.

보통 낭비가 아니었다고 봐요. 그래도 (서울이) 빨리 발전했으니까 천만다행인 거죠.

하루에 작업량은 어느 정도였나요? 철근을 놓는 것으로 계산하면 하루에 철근을 어느 정도 놓았나요?

글쎄요. 대략 가로 30m랑 세로 50m 정도를 하는데 한 2~3일도 하고, 5일씩도 하고 그랬어요.

청계천의 천변에 따라서 달라졌나요?

보통은 가로세로 30m씩이었는데, 폭은 자꾸 넓어졌거든요. 철근

공사가 한창인 청계천(1967년)

을 까는데 2~3일 정도는 갔던 거 같네요.

콘크리트를 붓는 것도 그 정도 걸렸나요?

콘크리트를 붓는 건 하루면 다 해요. 왜냐하면 지반이 한 간격당 30m 정도예요. 그 정도니까 보통 하루에 콘크리트 작업을 다 했던 적이 많았어요. 그리고 그걸 2번에 걸쳐서 작업하면 콘크리트 조인트construction joint[05]가 생기거든요. 그게 별로 안 좋아요. 흠이 생기는 거죠. 역학적으로 결함이 생기는 거예요. 그러니까 아무리 잘해도 소용이 없어요. 한 번에 다 치는 게 좋아요. 양이 좀 많더라도 밤새도록 하고 그랬어요. 그래서 30m 정도 간격으로 나눠서 했어요. 어차피 한 번에 콘크리트를 부어서 맞춰야 하니까요. 한번 시작하면 거기까지 끝을 맞춰야 해요.

콘크리트 작업 때에는 한번에 150명씩 투입

콘크리트를 칠 때랑 철근을 놓을 때랑 투입되는 사람의 수는 차이가 있었나요?

많이 달랐어요.

콘크리트를 하루에 그 정도 굳게 하는 작업에는 몇 명 정도 들어가요?

아까 현대건설이랑 대림건설 이야기가 그거예요. 일단 기계에 자갈 붓고, 모래 붓고, 또 시멘트 붓고 돌려서 비비고 콘크리트를 만들었거든요. 그러면 모래에 4명, 자갈에 8명이 붙어요. 보통 기계

05 콘크리트 치기 작업에 있어 하루에 끝내지 못해 전날 치기를 한 곳과 다음날 치기를 하는 곳 사이에 생기는 줄눈을 말한다. 당일 작업이 어려운 부득이할 경우 강도를 크게 필요로 하지 않는 곳을 골라서 이음 작업을 한다.

1대 돌리면 15명씩은 붙어요. 그러면 기계를 보통 7~10대씩 돌려요. 장관이었죠. 인부가 100~150명씩 몰렸어요. 그렇게 해서 기계를 처음에는 길 한쪽에 갖다 놓고 작업하다가 콘크리트가 점점 만들어지면, 작업할 수 있는 장소가 생기면, 이제는 하천 위에 올려놓고 작업을 하는 거죠

가로세로 30m 정도의 공간에 150명 정도가 한꺼번에 투입이 됐던 거네요.

그 공간에 일단 왔다 갔다 하는 사람들 따지면 50~60명 정도는 들어가 있었던 거 같네요. 그리고 그 사람들은 항상 일했던 게 아니고 일할 때만 모집해서 그날만 일하고 그랬어요. 그러니까 콘크리트 만들 때 그렇게 사람들이 많았던 거죠. 지게 지고서 일하고 그랬거든요. 막일인 거죠. 제일 힘든 일 하는 거니까 단가도 좀 셌어요. 먼지도 많이 쐬고 그랬죠.

모래랑 자갈을 섞는 콘크리트 작업을 하는데 왜 먼지가 많이 났나요?

기계를 돌리니까 먼지가 많이 나요. 시멘트를 붓잖아요. 그게 그냥 먼지로 올라오는 거죠. 지금 같아서는 그거 하라고 해도 인부들이 안 올 거예요. 옛날이니까 달려들어서 했었죠. 그냥 시멘트 먼지를 다 뒤집어썼던 거예요.

그렇게 일하면서 철근 위에 콘크리트를 다 부으면 작업이 완료되고 다음 구역으로 30m 정도 장소를 옮겨서 계속 공사를 했던 거고요.

그렇죠. 콘크리트랑 물을 부어서 계속 양생을 하는 거죠. 굳어야지요. 그것까지 해야 이제 자동차가 다니는 거죠.

당시에 인부들 일당은 혹시 기억나세요?

글쎄요. 그건 기억이 안 나요.

콘크리트 붓는 작업의 경우에는 일이 늦게 끝났을 것 같은데요. 그러면 언제쯤 끝났나요?

밤 9~10시까지 하죠. 11시까지도 하고 그랬어요. 콘크리트 작업을 일단 끄트머리까지 해야 하거든요. 전부 다 밤새도록 하고 들어갔어요. 그럴 땐 밤 9시나 10시까지도 하고 그랬어요.

밥은 중간에 현장에서 드셨나요?

현장에서 먹는 거죠. 물론 거기에 함바집, 그러니까 식당이 있었거든요.

공사장에서 새참 같은 건 안 드시나요?

일단 현장에 식당이 다 있어요. 모내기할 때 논밭에서 새참을 먹는 방식은 아니었어요. 현장에 인부들도 많으니까 근방의 다른 식당으로 가지는 않았어요.

감독하는 선생님도 함바 식당에서 드셨나요?

그렇죠. 감독도, 공무원도, 회사 직원들도, 다 거기서 먹고 그랬어요. 대신 식당이 인부식당하고 직원식당하고 따로 떨어져 있었고요.

음식은 같았지만 아예 같이 먹었던 건 아니었네요.

그랬죠.

공사 때 일을 하는 인부들은 지방에서 올라온 사람들이 많았나요?

주로 서울 사람들이었어요. 그때는 노동력이 많았어요.

출퇴근은 어떻게 했나요? 교통도 안 좋았을 텐데요.

그래도 서울 안이니까 왔다 갔다는 할 수 있죠. 일꾼들이야 많이 구할 수 있어요. 제가 나중에 퇴직하고 나와서 사람들 데리고 하수도공사 같은 걸 할 때 애를 많이 먹었어요. 고생을 좀 했죠. 제가 일꾼들 직접 데리고 있어야 해요. 거기서 자고 먹고 해야 해요. 공사할 때는 몇 시에 출근하고, 몇 시에 퇴근하고, 그런 게 안 되거든요. 밤이고, 낮이고, 조그마한 일이라도 바로 가서 해야 하거든요. 그러려면 현장에서는 말 잘 듣는 사람들하고 일해야 해요.

작은 공사는 현장 주변에서 아예 숙식했네요.

그랬죠.

당시 판자촌과 공사 현장이 얽혀있는 모습(1969년)

여관방을 얻어서 숙식을 해결했나요?

그냥 천막을 쳐놓고 거기서 자고 먹고 그랬어요. 밤낮이 없었어요. 밤에 12시고, 3시고, 항상 들락날락했어요. 집에 언제 들어왔는지, 언제 나갔는지도 모를 정도로 그러고 다녔어요.

공사 현장에다 천막 쳐놓고 대충 거기서 잤던 건가요?

그랬죠. 우리 같은 사람들은 집에서 자고 다니지만, 일꾼들은 그렇게 천막 쳐 놓고 있었죠. 그래야 교통비도 절약하고 시간도 아끼고 하죠.

청계천 공사 때도 인부들이 천막에서 지냈나요?

청계천 공사는 워낙 오래 했으니까요. 고정적인 인부들도 많았어요. 그래서 인부들도 출퇴근을 많이 했죠.

선생님이 처음 청계천 공사를 하러 가셨을 때 어느 정도는 작업이 진척되어 있었나요?

석축은 다 되어 있었어요. 제방도 어느 정도 만들어진 상태였고요. 동대문에서 숭인동까지는 석축으로 되어 있었고, 그 후부터는 그냥 제방으로만 되어 있었죠.

장마 때는 어땠어요? 혹은 겨울에 눈이 올 때 같이 날씨의 변동에 따라서 작업을 못 하거나 하지는 않았나요?

장마가 와도 일을 하긴 하죠. 하지만 큰일은 안 해요. 비가 많이 오면 일단 그냥 손 놓고 두는 거죠. 물은 놔두면 빠지니까요.

일단 장마에는 인부들이 나오지는 않았던 거죠?

그렇죠. 그럴 땐 공무원들도 현장에는 안 나가요. 거기에서 할 일이 없거든요. 대신 청계천은 사무실이 가까우니까 현장이나 사무실을 구별 안 했어요. 현장에서 일해도 그만이고, 사무실에서 일해도 그만이었죠. 그리고 현장에도 계장이나 과장이 밤늦게 수시로 드나들 수가 있었거든요.

콘크리트 양생이 끝나면 얼마큼 지나고 차가 다녔나요?

양생이 끝나고도 바로 통과는 안 시켰어요. 청계천은 충분한 여유를 두고 작업을 했거든요. 무리할 이유는 없었어요. 보통 1달이면

복개된 청계천도로(1976년)

다닐 수 있다고 했는데, 그보다 더 늦게 다니게 했어요. 양생을 충분히 시켰죠. 오래 시키는 게 제일 좋은 방법이니까요.

1달에 작업량이 어느 정도 되었나요?

1km 정도 갔던가요? 청계천도 폭이 있으니까 계획이 다 있었어요. 지금 같았으면 아마 몇 배는 빨리했을 거예요. 지금은 기자재가 다 좋으니까요. 그때는 참 무척 오래 한 거예요. 설비도 그렇고, 예산도 그렇고, 늦었죠. 청계천 전체를 다 하는데 꽤 오래 걸렸죠.

동대문 아래로는 판자촌 철거 후 공사

판잣집들 철거는 어떻게 했나요? 콘크리트 공사가 끝나면 판잣집들을 하나씩 철거를 했었나요?

처음에는 그렇게 했고요. 그다음에는 공사하기 전에 다 철거했죠. 그러니까 대략 광교에서 동대문 사이만 공사를 하면서 철거했어요.

동대문 아래로는 철거부터 하고 공사를 했던 거네요.

그렇죠.

광교에서 동대문까지는 공사하면서 철거할 때 장사하던 사람들은 반발이 없었나요?

저는 못 봤어요. 미리미리 얘기해서 다 해결했어요.

철거는 어디서 담당했어요?

철거는 구청에서 책임졌을 거예요.

광교에서 동대문까지는 종로구청 소관이죠?

그랬을 거예요. 종로구청이었을 거예요, 일단 공사 중에 판잣집들을 때려 부수지는 않았어요.

그러고 보니까 현장 일을 하려면 측량을 해야 했겠네요. 공사를 담당하는 회사에 측량하는 직원들이 있었나요?

큰 토목회사들은 기사들이 다 있어요. 자기들이 측량을 하죠. 그런데 조그마한 회사들은 토목기사가 없어요. 그러면 우리가 급하니까 가서 측량을 다 해줘요. 그러면 이제 말뚝을 박는 거죠. 그렇게 같이 일했어요. 회사가 사람을 쓰면 돈이 비싸거든요.

청계천 공사 때 선생님이 직접 측량해 주고 공사를 했던 건가요?

조그만 공사들은 다 그랬죠. 청계천은 당시에 서울시에서는 제일 큰 회사들이 공사를 했어요. 그래서 그런 건 없었어요. 하지만 다른 곳의 도로공사나 하수도공사 같은 건 회사가 기술자들을 일일이 데리고 다닐 수가 없거든요. 물론 청계천 공사에서도 철근을 넣거나 거푸집 넣을 때 길이 측정 같은 건 목수들이 해도 우리가 가서 체크를 해요. 다 끝난 다음에 가서 검사하죠.

다른 작은 공사에서는 선생님이 측량해 줬다는 거네요.

그렇죠. 우리가 거꾸로 그걸 해줬던 거예요. 그쪽 직원 중에 그런 사람이 없었단 말이에요. 할 줄 모르니까요. 어떡해요? 그냥 (설계 안 하고 공사를) 할 수는 없잖아요. 급하니까 우리가 가서 미리 해 주는 거예요. 그러면 그쪽에서는 좋다고 했던 거죠.

당시 서울시청에서 지금보다 기술직 공무원이 더 필요했겠네요.

그 정도는 아니었어요.

공사 현장에 시장이나 부시장 같은 고위 공무원들이 순시를 나오지는 않았나요?

시장이나 부시장 같은 양반들은 이런 곳에 안 와요. 과장이나 계장 같은 사람이면 충분했죠.

당시에 서울시 공무원 급여가 다른 직종에 비해서 어땠어요?

똑같았죠. 일반적으로 대한민국에 공무원 봉급은 다 똑같았어요.

다른 기업체하고 비교해서 어땠나요?

기업체하고야 다르겠죠. 어쨌든 일반 공무원들은 똑같다고 봐야죠. 대신 출퇴근이나 여러 가지로 봐서 공무원들이 서울시를 선호했죠. 봉급이 많아서 그런 건 아니거든요. 그리고 우리가 청계천 공사를 할 적에 서울대 공대 출신들이 많이 들어왔어요. 그때 아마 서울시에 15~16명 정도가 토목과랑 하수과 같은 곳으로 왔어요. 기록적으로 왔죠. 대신 건설부 쪽은 1~2명만 갔어요. 서울시에 들어오면 서울 시내에서 출퇴근하는데, 건설부에 가면 지방으로 다녀야 했거든요. 그러고 나서 한 10~15년 정도는 외부에서 서울시 건설이나 토목 공무원을 휘어잡지 못했어요. 실력이나 모든 면이 다 최고였거든요. 파워도 있었고요.

그때가 서울시가 한참 성장하고 그럴 때였으니까 그 방면의 실무자들이 인정을 받았던 거네요.

그렇죠. 서울시 자체가 성장하던 때였고, 일도 많았고요.

청계천 복개공사 후에 서울시 퇴직, 건설업체를 운영

청계천 공사가 끝나고는 어디로 가셨나요? 서울시 본청이나 구청에서 일하셨나요?

여기저기 시공 맡아서 다녔죠. 그때는 퇴직하고 건설회사 하도급을 했어요.

서울시랑 구청 일들을 하신 거네요.

그렇죠.

기억에 남는 공사는 뭐가 있나요?

오래전 일이라서 다 기억은 안 나네요. 도봉동이랑 영등포에서 교량공사 같은 거를 했어요.

주로 교량공사였네요. 그러면 현장 감독이나 측량 같은 걸 맡으셨나요?

아니요. 제가 시공을 직접 했죠.

선생님이 회사를 차리셨어요?

남의 회사 이름으로 했죠. 그러니까 하도급을 받아서 했던 거죠.

큰 건설회사한테 일을 받아서 했던 거네요.

그렇죠. 여의도 같은 경우에는 대림산업 하청으로 했었죠.

그런 일을 할 때 보통 인부를 몇 명 정도 데리고 다니셨어요?

보통 20~30명 정도였어요. 그렇게 많지는 않았어요.

현대건설 쪽이랑은 일 안 해 보셨어요?

현대랑은 안 했어요. 현대는 커지면서 해외로 많이 갔죠. 국내 일은 별로 안 하고 해외로 나갔어요.

네, 오랜 시간 면담해 주셔서 감사합니다. 인터뷰는 이것으로 마치겠습니다.

“

강남 개발이 되니까
땅값이
몇십 배가 올라갔어요

”

면 담 자 박광명(동국대학교)
면담주제 서울시정과 공무원들(교통·도시기반시설)
면담일시 2018년 7월 20일(1차), 8월 18일(2차)
면담장소 과천시 노인복지센터(1·2차)

최주하

1935년	충청북도 보은 출생
1962년	서울시립대학교 토목과 졸업
1962년	서울시 수도국 급수과 근무
1965년	서울시 남부토지구획정리사업소
1970년	서울시 하수과
1975년	서울시 치수과 치수계장
1976년	서울시 감사관실 기술계장
1978년	서울시 서울대공원 공사과장
1981년	종로구청 건설국장
1985년	서울시 건설관리국 도로과장
1988년	서울시 한강관리사업소장
1990년	서울시 도시개발공사 개발이사

공무원 생활의 시작과 급수과에서 맡은 업무

이번 면담은 '교통 및 도시기반시설 건설과 서울시 공무원들'이라는 주제로 실시하는 서울역사편찬원의 구술채록사업입니다. 오늘은 최주하 전 서울시 도시개발공사 개발이사님을 모셨습니다. 선생님께서는 치수과 치수계장을 비롯해 건설관리국 도로과장과 한강관리사업소장 등을 지내셨습니다. 우선 서울시에 처음 근무하셨을 당시 서울시의 상수도 시설이 어떻게 관리되고 있었는지에 대해서 말씀을 부탁드리겠습니다.

제가 공무원이 된 게 1962년 4월이었어요. 시험을 봐서 들어갔지요. 토목기원보土木技員補니까 지금으로 치면 9급이었어요. 급수과 발령을 받았어요. 우선 서울시 상수도관이 세 가지가 있다는 걸 알아야 합니다. 첫째는 아연도관, 둘째는 주물로 된 주철관, 셋째는 강관이에요. 왜 이렇게 세 가지가 있느냐 하면 아연도관은 소위 일본말로 와사관이라고 해요. 요새 수도 파이프 중에 가늘고 하얗게 된 게 있어요. 녹 안 슬게 하려고 만들었는데 일반가정용으로 50mm까지만 있어요. 3인치, 그러니까 75mm 사이즈까지 있지요. 주철관은 일제강점기 때 만든 관이에요. 질기고 오래 가요. 녹도 안 슬고요. 대신 큰 걸 못 만들어요. 500mm짜리까지 만들고 그 이상은 못 만들어요. 그래서 1m 이상의 강관으로 만드는 거죠. 이렇게 세 가지가 있죠. 그런데 오래된 관은 새는 데가 많았어요. 중

수도관 교체 공사(1968년)

간에 새는 게 많아서 100을 생산하면 50은 요금을 못 받았어요. 40~50%밖에 못 받은 거죠.

누수율이 높았네요.

그렇죠. 무수율無收率이라고 그랬어요. 수입이 없다는 거죠. 50%를 넘었어요. 원인을 보니까 여러 가지가 있었어요. 1962년 급수과 누수방지계가 생겼는데 누수탐지기가 처음 도입됐어요. 우리가 일본에서 직접 수입해 들어온 거였죠. 땅속에 있는 관에 물이 새는지 헤드폰 같은 걸 끼고서 관에 소리를 들어가면서 찾아내는 거예요. 지금도 있어요. 또 하나는 관 탐지기에요. 자석을 가지고 밑에 철관이 있는지를 찾는 장비죠. 이것들을 들여온 거죠. 교육시켜서 현장에 보내는 거였어요. 제가 교육시키는 걸 했어요.

서울 시내 길거리나 골목에서 그런 장비들을 가지고 다니면서 조사를 했나요?

보통 밤에 했어요. 차가 많고 시끄러우면 기계를 못 쓰거든요. 통행금지 시간에 썼지요. 12시부터 4시까지, 그때 활동을 했죠. 훈련받는 사람들이 20명 됐어요. 그 사람들을 차로 데리고 다니면서 길에 풀어놓고 찾는 거죠. 진짜 파보면 물이 새고 있어요. 물이 펑펑 새고 있으니까 그걸 막는 거죠. 계산하면 엄청난 물이거든요. 그런 식으로 누수를 많이 잡았어요. 또 하나는 목욕탕이나 공장 같은 곳이에요. 그런 데는 물을 많이 쓰잖아요. 그네들이 속이는 거예요. 미터기를 안 통하고 뽑아 써요.

검침기를 안 거치고 옆으로 관을 파서 물을 뽑아 썼던 거예요?

그랬죠. 어디는 검침기를 조작해서 덜 돌아가게 만드는 업소들이 있어서 서울시가 특별단속도 많이 했어요. 별의별 사람들이 다 있었죠. 그 시절에는 그렇게 했어요.

적발되면 보통 어떤 처분이 내려졌나요?

적발하면 돈 받는 부서가 가서 받아내고 그랬죠. 오랫동안 그랬어요. 그러다가 조금씩 서울시 재정이 나아지면서 노후화된 관을 갈게 된 거였고요. 그래서 노후화된 관을 교체하는 공사를 또 했죠.

수도계량기 점검 모습(1988년)

노후관 교체를 시작한 건 언제부터였나요?

1960년도 초반이었어요. 그 무렵부터 노후화된 주철관을 교체하기 시작했어요. 그런데 그때 우리나라에서 주철관을 못 만들었어요. 전부 외국에서 수입해 들여왔죠. 독일 같은 데서 들여오고 그랬어요. 주철관은 두껍고 녹이 안 슬어요. 300mm나 400mm 사이즈였어요. 그러다가 한국주철이라는 회사가 독일 기술자들을 데리고서 만들었어요. 주물을 붓고 원심력으로 돌려서 만들었죠. 돌리는 게 기술이었어요. 두께가 일정하게 나와야 하고, 그걸 잘 식혀야 했죠. 그런데 노하우를 배우려면 (돈을) 많이 줘야 했는데 한국 사람들이 눈으로 어깨너머로 배운 다음에 (독일 기술자들을) 다 보내버렸어요.

잘 만들었나요?

관이 문제가 많았어요. 퉁퉁 터지는 거예요. 아마 그 회사가 1960년대 후반쯤 되어서야 제대로 만들었어요.

관 교체는 서울시가 먼저 시작했던 건가요?

그랬죠. 대한민국의 모든 행정이나 기술은 서울시가 항상 중심이 돼요. 서울시에서 만들면 그다음에 전국으로 퍼지죠. 하나의 스탠다드였어요.

지금은 유수율이 90%를 넘을 거예요. 돈 받는 비율이 말이죠. 그때는 별짓을 다 했어요. 블록을 하나씩 정해서 전부 미터기를 달고, 가정집에 들어가는 물이랑 메인 미터기에서 나가는 물이랑 양을 측정해서 얼마큼 오차가 있는지를 계산하고 했어요. 관 교체와 관 통합 공사를 시행했지요.

보고서 같은 것도 많이 나왔나요?

많이 나왔죠. 저도 보고서를 많이 만들었어요. 수도국이 노하우를 쌓았던 거죠. 업그레이드된 거죠. 그때서부터 수도국 회계가 특별회계[01]가 되었어요.

수도국이 특별회계가 되었던 건 어떤 의미인가요? 일반회계[02]와는 다른 건가요?

간단하게 말하면 수도국에서 요금을 받아서 그 돈으로 예산을 세워서 공사도 하고, 유지 관리하는 거죠. 토지구획정리 같은 것도 특별회계에요. 직원들 월급도 그걸로 주고요. 물론 좀 부족하면 일반회계에서 전입을 받는 거고요. 대신 많이 나오면 뺏어가죠. 특히 특별회계에서 제일 돈 많이 버는 게 토지구획정리사업이었거든요. 영동지구 토지구획정리사업 때는 거기에서 나온 돈으로 서울시 예산을 다 썼어요.

영동지구 토지구획정리사업과 강남 지역의 변화

토지구획정리사업 하나로 서울시 예산이 충당되었나요?

그럼요. 엄청났어요. 땅값이 그냥 막 1년에 10배씩 올랐거든요. 그

---

01 특수한 목적을 위한 수입·지출로 일반회계와 분리해 독립적으로 경리하는 회계를 말한다. 특별회계는 예산통일의 원칙과 예산단일의 원칙에서 예외가 된다. 특별회계는 재정융자특별회계와 기업특별회계, 기타특별회계로 구분된다. 재정융자특별회계는 다른 곳의 재원을 빌려와서 다시 다른 곳에 빌려주는 회계로 각종 기금의 여유자금 등을 재원으로 지방상수도공사, 농업용수개발, 지하철건설 등 사업에 대한 융자에 지출된다. 기업특별회계는 철도·통신·양곡·조달 등과 같이 자체 사업으로 벌어서 쓰는 회계를 말한다. 기타특별회계는 특정한 수입을 특정한 곳에 사용하는 것으로, 환경개선특별회계·특허관리특별회계·토지관리 및 지역균형개발특별회계 등이 있다.

02 조세수입을 주된 세입원으로 하여 국가·지방자치단체의 일반적 행정 업무 수행을 지원하는 예산회계를 말한다. 일반회계는 그 세입을 주로 조세수입으로 충당하고, 그 세출은 국가의 존립과 유지를 위한 기본적 지출로 구성된다. 정부 예산안 편성과 국회의결로 확정되며 집행과정을 엄격히 통제한다.

때 제가 남부건설사업소에 있었어요. 영동지구, 시흥지구, 김포지구, 신림지구 등, 구획정리사업은 아예 사업소를 만들어서 총괄하게 했죠. 그때 저는 택지공사 감독이었어요. 설계는 용역회사에 줘서 택지조성이랑 도로를 설계하게 했죠. 강남대로나 영동대로 같은 건 그때 쭉 만들었어요. 간선도로를 만들면 지선도 나오고요. 그러면 택지가 생기는 거고요. 그런 식으로 공사를 했어요.

택지개발을 하실 때 혹시 그쪽 땅 안 사두셨나요?

그런데 눈을 떴다면 오늘의 제가 없었겠죠. 전 참 이상해요. 그때는 말이죠. 공무원을 하면서 땅을 산다거나, 이런 데는 관념이 없더라고요. 왜 그런지 모르겠어요. 그런 의식이 없었어요. 지금 생각하면 살아오는 과정에서 뭐 돈이 필요하냐는 생각을 가졌던 거 같아요. 그러니까 그런 건 안 했어요.

당시에 강남에 땅을 사들이는 사람들이 많았나요? 실제 실무자가 볼 때 어땠나요?

많았죠. 물론 공무원 중에도 이재에 밝은 사람이 있었겠죠. 주변 환경에 영향을 받았을 거예요. 그렇지만 당시에 공무원 생활하는 사람들은 참 열심히 했어요. 저도 1962년에 시작해서 1975~1976년도까지 12~13년 동안은 휴가란 걸 몰랐어요. 그만큼 열심히 했어요. 현장에 나가서, 공사하는 거 보면서, 열심히 했어요. 그리고 그때는 소형 공사 같은 경우에 측량과 설계를 직접했어요.

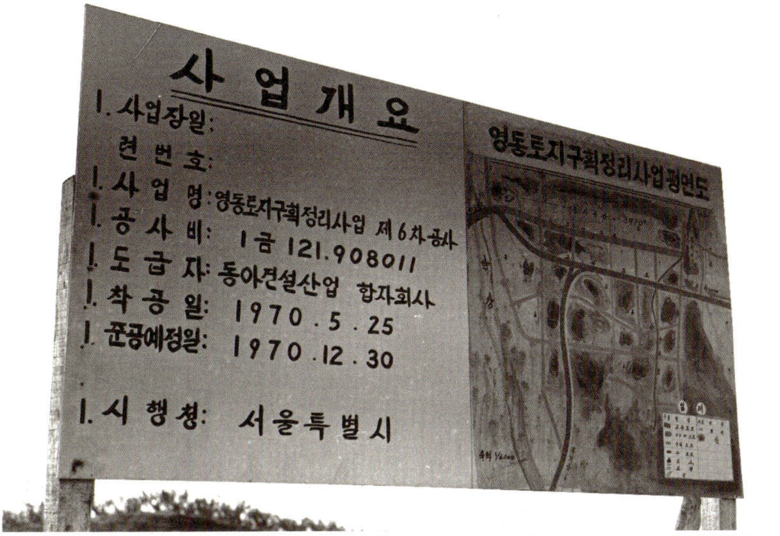

영동지구 토지구획정리사업 안내판(1970년)

공무원이 직접 설계를 했던 건가요?

구획정리사업이나 교량, 대형공사는 전문용역회사가 설계를 했어요. 수원지 공사 같은 건 용역회사가 하고 그랬어요. 도하설계라고 있어요. 지금도 있을 텐데 그 회사는 그런 걸 해서 컸죠.

지금은 공사감독이나 감리를 전문용역업체가 하지만 그 당시에는 공무원들이 다 했어요. 설계를 수정할 부분이 있으면 보고서를 작성해서 결재를 받아 두었다가 설계변경을 하고요. 우리 설계할 적에는 막 밤새워서 하고 그랬어요. 그러다가 설계변경을 해야 한다고 하면 또 밤새는 거고요. 택지개발을 하려고 설계를 해서 보면 현황하고 다르거든요. 그럼 공무원들이 다시 설계변경을 해야 하거든요. 직접 가서 보고 고치는 거예요. "야, 이걸 암巖으로 봤는데, 직접 와서 보니까 암반이 아니고 일반 토사다."라고 말이죠. 그러면 구배가 틀리게 되거든요. 그러면 다시 밤새워서 설계해야 해요. 일요일에도 하고, 비가 오는 날도 하고, 더운 날에는 공사 감독하고, 눈코 뜰 새도 없었어요. 어쩌면 그래서 돈 같은 걸 생각할 여지가 없었던 거 같아요.

상하수도나 건설 부처 공무원들은 일이 많이 몰려있었네요.

그렇죠. 저뿐만이 아니라 모든 공무원들이 그렇게 했으니까요.

1960년대 김현옥 시장 이후부터 업무량이 늘었다면 공무원들 사이에서 불만은 없었나요?

불만이 있을 수가 없죠. 당연히 그렇게 하는 걸로 생각했어요. 지금처럼 불만 있다고 얘기하는 시절이 아니었거든요. 공무원 뿐만 아니라 일반 시민들도 일요일이 없었죠.

일이 많이 늘어나면 조직이나 인력도 늘어나야 하는데요. 그러면 공무원 숫자나 부서들이 많이 늘어났나요?

조금씩은 늘어났죠. 어쨌든 1970년대 이후에는 말이죠. 구區도 많이 늘어났잖아요. 그전에는 10개가 안 됐는데 지금은 25개나 되잖아요.

개발 이전 논과 밭이었던 강남 지역의 모습

영동지구 같은 곳은 1980년대까지도 배수가 잘 안 돼서 물에 잠기는 경우가 많았는데요. 한창 개발할 당시에는 어땠나요? 사람이 살기에는 말이죠.

그때는 전부 논이었어요. 큰 산도 있었고요. 처음에 구획정리를 할 적에는 땅을 평평하게 만들고 도로도 만들어야 해요. 도로가 어떻게 만들어지냐에 따라서 택지가 달라져요. 도로가 오르는 형태면 택지도 따라서 올라가요. 또 내려가는 형태면 택지도 따라서 내려가요. 구배(경사도)가 있으니까요. 그러면 공사비가 달라져요. 차이가 크게 나요.

영동에 가보면 도로에 구배가 있어요. 왜냐하면 공사비 아끼려고 그렇게 한 거였어요. 평평하게 깎으면 그 흙을 다른 곳에 부어서 메꿔야 하거든요. 돈이 들어가잖아요. 그래서 경사도가 좀 급한 곳이 있게 된 거죠. 간단히 얘기하자면 그렇게 된 거예요.

모든 건 비용이 문제가 되는 거네요.

그렇죠. 구획정리뿐만 아니라 일반 도로나 교량도 다 그런 과정을 겪었어요. 건설 공무원들은 힘든 일이 많아요. 물론 힘들다고 생각하면 못하겠죠. 이것도 하나의 숙명이고 재미있다고 생각하는 거죠. 그러니까 하는 거죠. 또 실제로 하다 보면 재미도 있어요. 그러다가 막걸리도 먹고 그랬고요.

한강 잠수교와 접안시설 이야기

서울도시계획과 관련된 학술 연구를 보면 강남개발이나 과천개발 같은 경우에는 군사적인 목적도 가지고 있는 것으로 보고 있습니다. 그러니까 또다시 전쟁이 나면 한강 이남으로 인구들을 분산배치 시키는 것을 염두에 두고 개발이 진행됐다는 거죠. 당시 일선에 계셨던 선생님도 그런 얘기들을 듣거나 인지하고 있었나요?

김신조가 내려온 게 1968년 1월이었어요. 그러고 나서 안보 문제가

잠수교 전경(1976년)

확 달라졌죠. 청와대 뒤에 외곽순환도로도 김신조 이후에 생긴 거였어요. 보안상으로 말이죠. 그러고 강북에 인구가 너무 밀집되어 있으니까 강남으로 분산시키자고도 했고요. 강북에 있으면 취약하다는 거죠. 또 하나는 지금의 잠수교예요. 원래는 2층으로 만들려고 한 게 아니었어요. 그런데 한강 교량은 폭격을 맞으면 다 무너지거든요. 강북에서 강남으로 이동하려면 교량이 필요하잖아요. 그래서 잠수교를 생각해낸 거였어요. 팔당 수원지에서 팔당댐 문을 열면 잠수교가 30cm 정도 물에 잠겨요. 그러면 위에서 안 보이거든요. 위치를 못 찾아요. 군사적 목적으로 만든 거죠.

6·25전쟁 때 한강다리가 끊겼던 경험이 반영된 거네요. 잠수교라는 단어 그대로 물에 잠기고 폭격과 같이 긴급할 때 노출을 꺼리면서 건널 수 있는 다리네요.

예, 그렇죠. 그래서 만든 거였어요. 그리고 또 한강 도강에 필요한 접안시설도 만들었어요. 일반인들은 잘 모를 거예요.

그런 접안시설들은 어느 쪽에 있나요?

영동대교 하류 쪽이랑 북쪽, 양화대교 쪽에도 3개 정도가 있어요. 잠실대교 쪽에도 1개가 있고요. 도선장 공사를 했어요. 지금도 가서 유심히 보면 접안시설을 볼 수 있어요.

처음 듣는 이야기네요.

그렇죠. 한강에 바지선들이 있죠? 화물을 운반하려면 접안할 곳이 있어야 하잖아요. 거기다 배를 대는 거죠. 원래 접안시설은 그런 걸 하기 위해서 만드는 거예요. 우리는 거기에 더해서 군사용으로도 만든 거고요. 유사시에 보급로를 확보하기 위해서 만든 거죠. 차가 갈 수 있도록 한 거죠. 한강에 배가 오면 바로 차가 배로 들어갈 수 있게 한 거죠. 접안시설이랑 배가 딱 접안되고 연결되게 둑도 만들었어요. 그 공사를 물 속에서 했는데 어려운 공사였어요. 영동대교 같은 데는 밑에서 자세히 보면 보여요. 제가 치수과 담당 계장이었을 때 만들어진 거예요.

영동대교 주변에 있는 선착장 시설물

언제 만들어진 건가요?

치수계장으로 있을 때 만들었거든요. 1973~1975년 사이였던 걸로 기억하네요.

애시당초 목적이 시민들의 편의가 아니라 군사적인 목적이었네요. 어쨌든 한 번도 사용해본 적은 없는 거고요.

물론 전쟁에 대비한 것이기는 하지만 그런 가정은 없어야겠죠.

대학원 생활과 프랑스 유학

선생님 약력을 보니까 중간에 한양대 석사과정을 마치시고 프랑스 유학도 다녀오셨더라고요. 그 당시 일화에 대해서 알려주세요.

제가 한양대 산업대학원을 나왔어요. 그때가 산업대학원 1기였어요.

서울시에서 직원들한테 공부할 것을 요구했던 건가요? 아니면 선생님께서 개인적으로 더 배우기 위해서였나요?

제가 고른 거예요. 사실 제가 술을 잘 못 먹어요. 그런데 그땐 일하고 나면 다들 술을 먹어요. 막 먹죠. 출근 시간까지 마시는 거예요.

건설 쪽 일하는 분들이니까 많이 드셨나 보네요.

안 먹을 수도 없고, 술 때문에 죽겠더라고요. 안 되겠어요. 이러다간 큰일 날 것 같았어요. 그래서 공부하겠다고 한 거였어요. 저녁에 술 안 먹으려고요.

저녁에 대학원 다닌다고 하면 술 먹자고 하지 못하겠네요.

맞아요. 퇴근 시간 땡 하면 누구도 막을 사람 없죠. 오히려 거기 2년 다니면서 공부도 하고 친구들도 만나고 그랬어요.

당시 도시계획이나 건설 쪽 근무하셨던 공무원분들은 대학이나 대학원에서 가서 그쪽 공부를 계속했던 것 같더라고요.

덕분에 휴가를 한 번도 못 갔어요. 아까 얘기 했죠? 그렇게 바쁘게 살았어요.

그렇게 바쁘셨는데 이거 끝나고 나서 프랑스로 연수도 가셨습니다. 어떻게 가게 되었나요?

프랑스에 국립보건대학Ecole Nationale de Santé Publique이라고 있어요. 위생공학 분야로 갔지요. 1968년에 가서 1년간 연수를 받았어요.

불어를 해야 할 텐데요. 잘하셨나요?

물론 제가 안 해봤으니까 못 했죠. 그래도 불어 시험을 봐야 하니까 공부를 한 거죠. 불어를 어디 가서 배워야 하는지 보니까 외대 불어과에 교수 과정이 있더라고요. 거기서 배웠죠.

그냥 가서 배우신 건가요?

그랬죠. 그냥 저녁에 가서 배웠어요. 그때만 하더라도 발음도 시원찮았어요. 한 1년간 배웠어요. 그래도 잘 모르겠더라고요.

시험을 잘 보셨네요.

시험 본다고 해서 본 거죠. 그랬더니 뭐 붙었다네요. 서울시에서 프랑스 간다고 2명을 뽑았어요.

연수가 국가 사이의 기술원조 같은 거였나요?

후진국, 약소국, 개발도상국에 대한 기술원조 중에 그런 게 있어요. 요즘은 우리나라에 아프리카 사람들이 와서 연수하잖아요. 하나의 원조시스템이죠. 매년 서울시에서 1명씩 갔어요. 그런데 제가 갈 때는 2명이 갔죠. 조남주라는 친구였는데, 룸메이트였어요. 개인적으로 내외종간이기도 합니다.

그럼 외롭지는 않으셨겠네요?

그랬죠. 그때 프랑스가 좋았던 게 있어요. 처음에 가면 한 3개월 동안은 불어를 가르쳐 줘요. 3개월 정도 불어만 하니까 쉬운 말은 하겠더라고요.

선생님이 잘 배우신 거네요.

그런가요? 어쨌든 쉬운 말은 하겠더라고요. 그렇게 배우고 강의시간에 들어가서 선생이 얘기하는 걸 듣는 거죠. 책 보고 집에 와서 맨날 공부하는 거예요. 단어는 기술단어가 많았고요. 그렇게 1년 반 정도 했어요. 그러다가 언어라도 조금 더 해야겠다고 생각해서 연장했죠.

따로 연장 신청을 하신 거네요.

네, 맞아요. 이왕 간 김에 언어라도 더 익혀 놓자고 한 거죠.

지금도 불어를 잘하시나요?

지금은 다 잊어버렸어요. 언어라고 하는 게 참 매정하더라고요. 안 하면 매정하게 도망가요. 한국말도 1~2년 동안 안 하면 금방 막혀요. 외국어는 더 말할 것도 없어요.

청계천하수처리장을 만들다

연수를 마치고 어느 부서로 복귀를 하셨나요?

1971년에 복귀를 했죠. 제가 위생공학을 전공했어요. 그러니까 수도국 하수과로 가게 됐어요. 그때까지만 해도 우리나라에 하수처리장이 없었거든요. 돌아와서 청계천하수처리장을 건설했어요. 우리나라 최초였죠. 125만 톤 규모였어요. 생물학적 처리 방법으로 했죠. 종로, 용산, 소위 강북 사대문 안에서 나오는 하수도는 전부 청계천으로 들어가게 되어 있어요. 복개한 이후니까 청계천 밑에다가 큰 하수도를 양쪽에 쭉 묻어서 청계천 하류인 장안평까지 오게 해 놨지요. AID차관 사업으로 한 거였어요. 미국 기술자들이 감리했어요. 설계는 우리나라에 있는 한국종합엔지니어라고 있었어요. 거기서 미국인들이랑 같이 설계했고요. 건설공사는 현대건설에서 했어요. 공사할 때 저는 현장 감독이었어요.

청계천하수처리장 조감도(1974년)

하수처리시설이면 염소 처리 같은 걸 하나요?

화학적 처리 방식이 아니라 생물학적 처리 방법으로 설계했어요. 하수도에 산소를 공급해서 소위 호기성好氣性, 산소를 좋아하는 박테리아를 키워요. 그것들이 유기물질을 먹게 되면 몸뚱이가 커지거든요. 그러면 중력에 의해서 가라앉아요. 그게 슬러지sludge에요. 슬러지를 모으면 물이 맑아지는 원리인 거죠. 생물학적 처리 방법으로 그 당시에 가장 보편적으로 사용하던 방식이에요. 자연하천에서 정화하는 원리를 이용한 공법이죠. 우리나라에서는 처음 사용된 거였죠.

요즘도 많이 쓰는 방식인가요?

지금도 많이 써요.

그전까지는 하수를 그냥 버렸던 거죠?

하수도에서 우수랑 하수를 합쳤어요. 그래서 비가 오면 그냥 하수도에서 나와 한강으로 들어가 버렸던 거예요.

한강의 수질 상태가 별로 안 좋았겠네요.

수질 오염이 심했어요. 녹조 현상이 일어나는 거예요. 4대강도 문제가 되잖아요. 하수가 유입돼서 그런 거예요. 깨끗한 물만 있는 높은 지대에는 그런 게 없잖아요. 여러 가지 생활하수라든지, 가축한테서 나오는 하수, 이러한 것들이 처리가 안 되고 하천으로 들어가는 거죠. 하천에 유기물질이 들어가니까 녹조 현상이 생기는 거예요.

우리나라 최초로 만들어진 거니까 시장을 비롯한 대통령이나 정부 관리들도 관심이 많았겠네요.

관심은 많았어요. 그런데 당시에 하수라고 하면 그냥 자연적으로 처리된다고 많이들 생각했어요. 관 묻고 시설을 만들면 돈이 많이 들어가니까 말이죠. 국민도 그것이 우리 생활에 얼마만큼 이해득실이 있는지 잘 몰랐어요. 그러니까 위정자들이 거기에 투자를 안 해요. 눈에 안 보이니까요. 옛날에는 하수도만 있으면 하수가 처리되는 것으로 알았어요.

지금과는 생각이 달랐네요.

그렇죠. 지금은 하나의 타운을 만들면 하수와 우수를 분리하고 우수는 그냥 하천으로 보내고, 하수는 하수처리장으로 보내잖아요. 시스템이 다 있어요. 도시는 지금 그렇게 하고 있단 말이죠. 비가 오면 도로에 있는 물이 다 쓸려나가잖아요. 그건 우수관으로 나가는 물이에요. 그건 그냥 한강으로 나가요. 깨끗한 물이니까요. 이런 시스템이 있어야 해요. 그런데 그때 당시에 우리나라는 소위 통합식

청계천하수처리장 전경(1976년)

이었어요. 우수랑 하수가 그냥 다 같이 나가는 거예요. 따로따로 분리가 안 돼요. 그래서 청계천하수처리장 만들 때는 청계천 양쪽에 다 차집관로遮集管路[03]라는 걸 뒀어요. 물을 모아서 큰 관에 들어오게 만드는 거예요. 그걸 하수처리장으로 보내는 거죠. 그런데 비가 오면 오버플로overflow가 돼요. 물이 많으니까 넘치는 경우가 많았죠.

어쨌든 그런 시스템이었어요. 지금은 완전히 분리되어 있죠. 하수랑 우수가 별도로 되어서 우수는 그냥 나가고 하수는 막아버리고요. 지금 한강이 깨끗한 이유가 거기 있는 겁니다. 한강에는 녹조가 안 생기죠. 하수 처리가 됐기 때문에 안 생기는 거예요.

지금은 물고기도 많이 잡히죠.

물론이죠. 그런데 만약에 하수 처리가 안 되어 있다고 하면 한강이 엉망이겠죠. 지금 4대강에 녹조가 생기는 건 다 농촌의 하수 처리가 안 됐기 때문이에요.

논밭의 하수가 그냥 배출된 거네요.

그렇죠. 그뿐만 아니라 가축들 많이 키우지 않습니까? 물론 법적으로는 하수를 처리하게 되어 있어요. 하지만 잘 이행되지 않아요. 돈이 많이 들어가니까요. 그러니까 그때는 별로 관심이 없었던 거예요. 자연적으로 다 정화되는지 알았죠. 아직도 안 된 곳이 많아

03 하수와 오수를 모아 하수처리장까지 연결하는 관을 말한다.

오늘날의 한강 모습

요. 그래도 서울은 거의 다 됐죠. 중랑천하수처리장, 탄천하수처리장, 영등포하수처리장, 가양하수처리장 등등 되어 있어요. 그렇게 서울은 하수가 처리되니까 한강이 깨끗한 거예요. 그렇지 않으면 한강이 저렇게 깨끗할 이유가 없어요. 어쨌든 우리나라도 돈이 많아지니까 한 거죠. 딴 데 투자할 데가 많으면 잘 안 하다가 위생 문제가 중요하게 되잖아요. 식수 문제도 있고요. 그래서 지금 우리나라에 하수처리장이 많이 생긴 거죠. 한강 고수부지에도 대형관거가 매설되어 있어요. 하류의 하수처리장으로 가는 거죠.

요즘 서울 같은 경우에는 아리수를 그대로 먹어도 된다고 하죠. 정말 먹어도 되나요?

먹어도 좋아요. 왜냐하면 사실 우리나라 원수原水 자체는 좋거든요.

근본은 좋은데 오염이 되니까 문제인 거예요. 서울은 상수도의 역사가 깊거든요. 서울의 상수도는 처리가 잘 되어 있죠. 1차 처리, 2차 처리, 3차 처리까지 해요. 물이 좀 나쁘면 다시 필터링해서 걸러내죠. 거기에 있는 중금속을 처리하는 것도 하고요.

영동지구 토지구획정리사업 당시에 상하수도 공사는 어떤 방식으로 했나요?

강남은 강남대로 처리를 했어요. 탄천하수처리장이 그거에요.

거기 공사할 때 선생님께서 관여하셨나요?

그땐 제가 안 했어요.

탄천하수처리장(1987년)

강남개발에 따른 지역 토박이들의 이해관계

구획정리사업에 관해서 추가 질문을 드릴게요. 거기에 원래 살던 주민들은 보상금을 받았을 텐데요. 그분들은 다들 부자가 됐나요?

농사짓는 사람들이었죠. 거기가 다 전답田畓이었어요. 과수원이랑 논이었죠. 땅 부자들이었어요. 개발을 하니까 1,000원 하던 땅이 갑자기 1만 원으로 뛰어올랐단 말이에요. 토지구획정리사업을 하니까 토지주들이 합심해요. 땅 주인들이 돈을 안 내고 개발을 하는 거죠. 대신 개발하는 데 필요한 땅을 내놓는 거예요. 공사비는 이거를 팔아서 보충하고요.

체비지替費地 같은 거네요.

네, 체비지죠. 그런 시스템으로 했어요. 나중에 공사비하고 플러스, 마이너스, 정산해서 남는 돈은 더 주고, 모자란 돈은 받고, 뭐 그런 시스템이었어요.

기존에 있던 주민들이 반발하지는 않았나요?

다 좋다고 하죠. 자기 땅이 1,000원짜리였는데 1만 원이 되잖아요. 얼마나 좋아요? 자기 땅 뺏기는 것도 아니고, 거기 들어간 공사비는 땅값으로 되고요. 땅값이 올라가면 올라갈수록 이익이었죠.

영화나 드라마 같은 데 보면 당시에 기존 강남 토박이 주민이 아니라 외부에서 온 사람들이 땅을 팔고 사서 여러 번 계약서가 왔다 갔다 하면서 가격을 올리는 모습들이 나오는데요. 실제로는 어땠나요? 일부러 땅값을 올리려는 외지 사람들이 있었나요?

가격을 올리는 게 아니고 자연적으로 올랐어요. 개발되니까 땅 가치가 올라가고 땅값이 올라간 거죠. 그러니까 여기서 땅을 가지고 있는 사람들은 1만 원 하던 걸 1만 5,000원 준다고 하니까 얼른 파는 거죠. 그런데 그게 좀 있으니까 2만 원, 3만 원이 되어 버리는 거였죠. 당초에 강남에 농사를 짓던 사람들이 몇천 평을 가지고 있었는데, 갑자기 10배, 몇십 년 후에는 100배까지 올라가니까 큰 부자가 되는 거예요. 몇 십억, 몇 백억씩 되는 거예요.

개발이 한창인 당시 강남대로 사거리 주변 서초동과 역삼동 일대(1976년)

서울대공원 건설과 그에 얽힌 뒷이야기

이번에는 다른 질문을 드릴게요. 1970년대 후반에 선생님께서는 서울대공원 건설을 담당하게 되는 걸로 알고 있습니다. 서울대공원을 만들게 된 경위에 대해 알고 싶습니다.

1970년대 후반에 제가 건설국에 있었어요. 거기서 있다가 남서울대공원을 만들게 됐어요. 서울대공원을 당시에는 남서울대공원이라고 했어요. 서울의 남쪽에 있다고 해서 그랬어요. 그러니까 사람들이 그럼 '북서울도 있고, 남서울도 있느냐?'고 하니까 '모두가 서울이다.'라고 해서 나중에 남南자를 빼고 서울대공원이 된 거예요.

처음에 계획이 언제 잡혔나요?

1978년도 초였던 거 같아요. 중앙정보부장을 했던 김재춘 씨가 있었어요.[04] 중정부장을 했으니까 실세였죠. 과천에 동물원 자리 있잖아요? 거기 땅을 가지고 있었어요. 거기에 농장을 만들었어요. 산 쪽으로 쭉 올라가면 그 밑에 한 100호 정도 되는 동네가 있어요.

---

04 김재춘(1927~2014)은 육군사관학교 5기로 1961년 육군 제6관구사령부(현 수도군단) 참모장으로 재직 당시 5·16군사정변에 참여하였다. 이후 국가재건최고회의 최고위원, 육군방첩부대장을 역임하였다. 1963년 제3대 중앙정보부 부장으로 임명되었다. 1971년 민중당 국회의원, 1973년 민주공화당 국회의원 등을 지냈다.

서울대공원 기공식(1978년)

막계리였는데, 여러 대에 살아온 농가가 거기 있었고 지금 동물원 자리에는 김재춘이 농장을 가지고 있었죠. 이 사람이 거기서 농장을 하면서 소도 키우고 그런 것 같아요.

그런데 이 사람이 무슨 사업을 하고 싶은 생각이 있어선지 그 땅을 빌미로 해서 뭘 해보겠다고 한 거였어요. 창경원 동물원을 갖다가 옮겨야겠다고 말이죠. 그래서 동물원을 옮기고, 거기다가 디즈니랜드 같은 놀이시설을 만들어야겠다고 했던 거예요. 홍익대학교에 나상기 교수라고 있어요. 그 양반한테 의뢰해서 마스터플랜을 만들었어요. 책자가 지금도 어딘가 보관되어 있을 거예요. 그것을 박정희 대통령한테 보고하니까 대통령 오더가 떨어졌어요. 박정희 대통령이 지방에 헬리콥터 타고 가는데 쫓아가서 그 안에서 보고를 드렸다고 그러더라고요.

헬리콥터 안에서요?

정확하게는 모르겠어요. 하여튼 거기서 잠깐 시간을 내서 보고를 드렸겠죠. 원래 창경원이 일제가 우리나라 이조(조선)를 말살시키기 위해서 신성한 궁에다가 동물원을 만들어 놓은 거잖아요. 말이 안 되잖아요. 이런 역사적 아픔이 있으니, 다른 장소로 옮기자고 한 거죠. 대통령도 좋은 생각이라고 한 거죠. 그래서 헬리콥터를 타고서 막계리를 몇 바퀴 돌았대요. 그때는 아무것도 없었어요. 논이랑 밭이었고, 동네에 100여 호 정도 있었고, 옆에는 장막교회가 있었고요.

보니까 상당히 넓고 괜찮았나 봐요. 산도 좋거든요. 근데 박정희 대통령 보통 사람이 아니거든요. 김재춘한테 속셈이 있는 게 다 보이는 거죠.

어떤 속셈이었나요?

저는 나중에 얘길 들었어요. 구자춘 시장 때 들었던 내용이에요. 그때 대통령이 그랬대요. "좋은 아이디어인데 프로젝트가 너무 크니까 구 시장한테 시키자."라고 말이에요. 김재춘이 거기서 본인이 하겠다고 할 수는 없었겠죠. 대통령이 아예 헬기에서 구 시장한테 지금 청와대로 빨리 들어오라고 연락을 했대요. 구자춘 시장이 가니까 "김 부장이 이런 프로젝트를 가져왔으니 검토해서 시행해라."라고 명령을 받은 거예요.

혹시 당시에 막계리 쪽이 그린벨트로 묶여 있었나요?

물론 그린벨트였죠. 어쨌든 그렇게 하니까 김재춘은 닭 쫓던 개가 되어 버렸죠. 그걸 뭐 반대할 수도 없고 말이에요.

일단 구자춘 시장은 프로젝트를 추진해야 하겠네요.

구자춘 시장은 그날 저녁에 직원들을 소집했어요. 보통 프로젝트가 아니었죠. 거기가 125만 평이었어요. 더군다나 이게 행정구역으로 봤을 때 경기도였어요.

네, 그렇죠. 서울이 아니죠. 지금이라면 경기도에서 해야겠네요.

지금 생각하면 요새 지자체에서는 어림도 없어요. 불가능한 일이었어요. 그때는 지자체가 아니었으니까 구 시장이 했던 거죠. 서울시는 강남에서 땅장사를 해서 돈을 많이 벌었거든요. 개발하면 땅값이 올라가고, 땅값이 올라가니까 체비지가 올라가고, 그러니까 돈이 많단 말이죠. 서울시에 여유가 있었어요. 정부 예산을 받지 않고도 운영할 수 있었어요. 서울시 이외의 다른 곳은 정부 지원 없이 운영이 안 됐죠.

일단 그날로 바로 기구를 만들었어요. 서울대공원건설사업소라고 말이죠. 그때 제가 서기관으로 승진한 지 얼마 되지도 않았거든

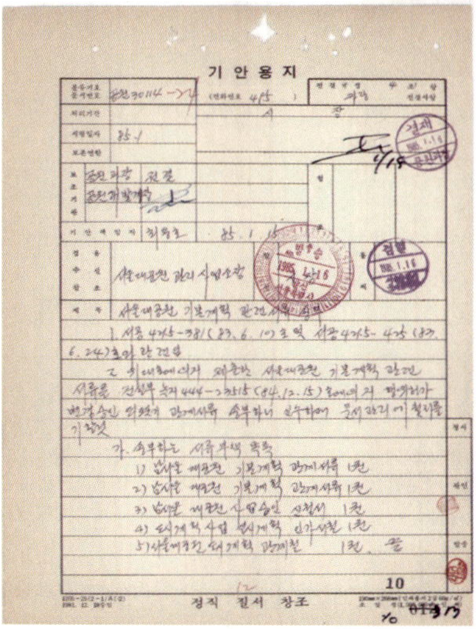

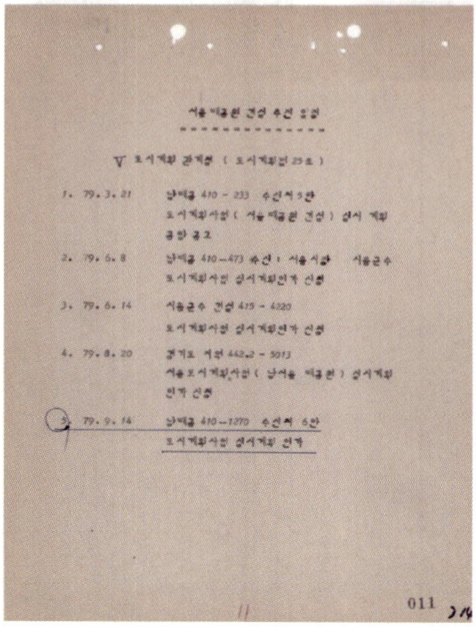

서울대공원 기본계획 일정 관련 서류(1983년)

요. 남부수도사업소 소장으로 이제 막 왔는데 거기로 가라고 명령이 오더라고요. 차출됐어요. 건설공사 과장으로 발령 받았어요. 그리고 밑에 직원들도 차출돼서 사업소가 된 거죠.

사업소 사무실이 과천에 생겼나요?

서울시청 길 건너 쪽에 시의회 건물에 임시 사무실이 있었어요.

처음에는 어떤 일부터 했나요?

일단 설계부터 해야 하잖아요? 그런데 동물원 설계를 누가 해봤겠어요? 안해봤죠. 그때 창경원 동물과장을 하던 오창영 씨라고 있었어요. 일단 동물을 아는 사람이 있어야겠죠. 문공부 소속이었는데 파견된 거였어요. 대통령 명령이니까 와야죠. 그렇게 해서 설계를 시작했어요. 동물원 설계를 해본 사람이 없으니까 천상 경험 있는 외국 설계회사에 맡겨야 했어요. 그런데 그때 율산실업에서 신선호라는 사람이 자기가 손해 보더라도 하겠다고 하더라고요. 그 사람 나이가 30대였을 거예요.

물론 혼자 하는 건 아니고 엔지니어링을 조직해서 만드는 시스템이었어요. 대한민국에서 처음 하는 거니까 어느 정도 사명감도 있었던 것 같아요. 우리가 주는 설계비는 조금밖에 없었거든요. 어쨌든 미국에 있는 설계용역회사하고 조인도 하고 로열티도 많이 주고 그랬어요. 실사도 오고 그랬죠. 그런데 뭐가 잘못됐는지, 그 사람이 감옥에 들어가더라고요. 회사도 없어지고 말이죠. 부동산을 많이 벌이다가 그렇게 된 거 같더라고요.[05] 그래서 결국엔 대림산업이 율산엔지니어 팀을 그대로 인수해서 설계를 해줬어요.

---

05 신선호는 1975년 자본금 500만 원으로 율산실업을 창립한 뒤 중동 산유국을 상대로 시멘트를 수출하여 돈을 번 인물로, 1970년대 '재계의 신화'로 일컬어졌다. 1977년에는 11개의 계열사를 거느렸으며, 종업원만 7,000여 명이 되었다. 이듬해 율산실업은 종합상사로 발돋움하였다. 그러나 1978년 정부의 8·8투기억제조치로 건축자재의 수출이 금지되면서 자금압박을 받았으며, 이를 해소하기 위해 편법으로 서울신탁은행으로부터 500억 원을 융자받은 뒤 잠실 호수부지 30만 평을 낙찰받았다. 하지만 나머지 부지가 팔리지 않으면서 개발계획이 수포로 돌아갔다. 이어 의류사업이 판매부진으로 고전하자 티켓을 만들어 관련 기관 및 거래처·은행 등에 선물하였는데, 이것이 청와대 사정반에 의해 적발되면서 특별수사본부가 구성되었다. 이에 맞물려 3억 5,000만 달러 규모의 사우디아라비아 주택 공사 수주에 실패하였고, 정부에 구제금융을 신청하여 받은 70억 원마저 단자회사(短資會社)의 빚을 갚는 데 쓰였다. 결국 1979년 2월 율산그룹에 대한 공동감리가 이뤄지고, 4월 신선호는 구속되었다. 계열사는 도산하거나 타 회사로 경영권이 넘어갔다. 이 사건으로 서울신탁은행장이 배임혐의로 구속되고, 은행감독원장을 비롯한 11개 은행장급 인사가 단행되었다.

그런데 착공식을 1978년에 했더라고요. 계획을 세우자마자 착공을 한 거네요.

맞아요. 지금 같으면 어림도 없는 얘기에요. 설계를 하면서 착공식을 한 거였어요.

쇠뿔도 단김에 빼는 식으로 바로 진행한 거네요.

우리나라는 모든 것이 '빨리빨리'였잖아요. 이것이 단점도 많지만, 장점도 많은 거예요. 어떤 면에서는 판단도 빠르고, 결심도 빠르잖아요. 그때 설계를 밤새워가면서 했어요. 진짜 집에도 못 가고 했어요. 일단 기공식을 하는데 아무것도 없는 논바닥에서 했어요. 그 때가 1978년 11월 3일인가? 그랬을 거예요. 원래는 대통령이 참석한다고 했는데 못 오시고, 최규하 국무총리가 참석했어요. 구자춘 시장이 국무총리를 모시고 기공식을 했어요. 그렇게 착공했죠. 설계회사도 선정하는데 정산도 나중에 하는 걸로 했고요.

그리고 보니까 거기에 동네 사람들도 있어요. 또 장막교회라고 큰 교회도 있었어요. 이걸 옮겨야 하죠. 조사해서 이주 단지를 만들어야 하거든요. 옆에 너머로 옮겼어요. 흔히들 이주1단지, 이주2단지라고 해요. 지금 제가 사는 이 동네가 이주2단지예요. 그때 그렇게 선정해서 단지를 만들었던 거예요.

그때 막계리 농가 100여 호가 있었고, 장막교회 신도 80여 세대가 있었거든요. 교회랑 신도들을 옮기는 게 제일 큰 문제였어요. 신도들은 무허가로 건물을 짓고 살고 있었고요. 일단 우리가 이주비를 줄 근거는 없었어요. 지금과 달리 당시에는 세입자한테 보상을 안 해줬거든요. 그런데 여기는 세입자도 아니고 아예 무허가였으니까요.

종교 건물은 강제로 옮기기가 어려워요. 서울시에서도 고민을 했죠. 일단 이곳만 예외적으로 보상해 주는 걸로 결정했어요. 이주단지를 주기로 한 거죠. 문원동에 이주단지를 조성해서 1단지는 농민들을, 2단지는 교인들을 이주시켰어요. 대신에 2단지는 나눠주는 규모가 좀 작아요. 1단지 농민들은 가구당 최소 75평씩이었고, 2단지 교인들은 2가구당 80평씩 줬어요. 교회 건물도 2단지로 옮겼고요. 지금은 장로교회 소속으로 되었을 거예요.

제가 어렸을 때 과천에 살았는데, 동네 이름에 '이주'라는 명칭이 있었던 게 그것 때문이었군요.

그랬던 거죠. 일단 거기에는 다 농사짓는 사람들이 살았는데 농토는 다 없어지는 거였죠. 우리가 보상을 다 해 주긴 했지만 거의 강제였어요. 공시가격으로 해줬으니까요. 그렇게 보상하고 이주단지를 조성했죠. 그린벨트는 건설부에서 풀어 주고, 〈도시계획법〉으로 보완을 해서 공원부지에 동물원이랑 운동시설을 만들 수 있게 했죠.

당시 참고할 만한 동물원이 국내에 있었나요?

없었죠. 그때만 해도 동물원이라고 하면 창경원 동물원만 생각했

서울대공원 공사 전경(1979년)

거든요. 조그맣게 말이죠. 그런데 오창영 씨가 그러더라고요. 동물도 스트레스를 안 받게 해야 잘 자란다고요. 외국에 가면 동물원들이 크고 넓잖아요. 그러니까 우리도 그 나라의 동물원을 보고 설계에 반영하자고 했어요. 미국이랑 캐나다로 해서 한 40일간 견학을 했어요.

미국이랑 캐나다에 가서 동물원만 쭉 돌아본 건가요?

동물원은 다 돌아봤어요. 제가 단장이 돼서 관계된 사람들이랑 설계를 담당한 사람들을 데리고 다녔어요. 외국 것들을 많이 보고 참작을 해서 나름대로 동물원 설계를 한 거죠. 우리나라 기술자들이 한 거예요.

참고가 많이 됐던 외국 동물원 중에 기억에 남는 데 있으세요?

토론토에 있는 동물원도 봤고, 샌디에이고에 있는 동물원도 봤어요. 동물원에 바윗돌이 많이 있잖아요. 그런데 가서 보니까 콘크리트로 만들어 놨더라고요. 소위 인조석이죠. 돌아와서 우리도 기술자들 불러서 만들라고 했죠. 사진 찍은 거 보여주면서요. 그대로 잘 만들더라고요.

그전에는 만들 줄 몰랐나요?

콘크리트로 만들 줄은 몰랐어요. FRP(섬유강화플라스틱)로 만들었죠. 양화대교에 양화폭포라고 있어요. 거기에 있는 돌들이 FRP로 만든 거예요. 그런데 동물원 바위를 FRP로 만들면 동물들이 뛰어다니면서 탕탕 소리가 나거든요. 약하기도 하고요. 그래서 안 되겠다 해서 콘크리트로 만들었던 거예요. 지금 동물원들은 전부 다 콘크리트예요. 자연석 같죠.

동물원에 있는 회색 바위들이 다 그렇게 만들어진 거였군요.

그랬죠. 그리고 동물원을 만들다 보니까 산불도 문제가 되더라고요. 산불이 나면 큰일나지 않습니까? 그래서 동물원에 외곽도로를 만들었어요. 8~10m 정도 도로폭으로 동물원을 우회하는 아스팔트 도로가 쭉 한 바퀴를 돌아요.

서울랜드 뒤편으로 가는 길이죠?

맞아요. 일단 불났을 적에 소방차가 들어가는 길이 필요하죠. 그리고 불길을 차단하는 벨트 역할도 하는 거죠. 그때를 생각하면 제가 잘했던 게 있어요. 당시에 조경 교수들로 해서 열 몇 명의 자문위원들이 있었거든요. 예를 들면 자연 훼손 같은 문제를 확인하는 거죠. 여러 가지 문제를 거기서 간섭하거든요. 그런데 위원회에서는 산에 도로를 만들 때 원웨이one-way, 그러니까 일방통행으로 하자고 얘기했어요. 안 그러면 산이 다 망가진다고 그러더라고요. 물론 저는 반대했어요. 왜냐하면 도로 길이가 거의 10km나 되는데 길이 일방이면 상당한 문제점이 생기거든요. 나중에 폭이 부족해서 더 키우게 되고요. 그때 가서는 더 큰 문제가 생기는 거죠.

위원들하고 거의 한 달 동안 싸웠어요. 근데 제가 이겼어요. 대신 도로를 깎으면 경사면 처리를 옛날처럼 하지 않고 부드럽게 산처럼 만들겠다고 했어요. 전혀 표시가 안 나도록 만들겠다고 했죠. 그렇게 해서 현재의 도로를 만든 거예요. 투웨이two-way, 왕복도로로 말이죠. 거기 심는 나무도 거기 산에 있는 떡갈나무라든지 꽃나무 같은 걸로 했어요. 그렇게 해 놓고 1년 정도 지나니까 다들 거기를 깎은 건지를 몰라요.

오늘날의 서울대공원

대공원 뒤편으로 관계된 차들만 돌아다니는 용도인 줄 알았는데 산불 예방 같은 용도도 있었던 거네요.

그렇죠. 그리고 동물원에는 여러 가지 운반해야 할 게 많거든요. 동물 사료 같은 것도 있고 말이죠. 겸사겸사해서 만들었던 거예요. 어쨌든 투웨이로 만든 건 아주 잘한 거였어요.

대공원과 관련된 다른 일화는 없었나요?

동물원에 가서 보면 소나무가 많아요. 그런데 동물원 안에 풀 하나, 나무 하나, 전부 심은 거예요. 현장에 원래 있던 건 하나도 없어요. 동물원에 있는 소나무들은 전부 이식해서 심은 거예요. 사실 저는 토목기술자예요. 조경기술자가 아니거든요. 그런데 소나무를 이식하려면 3년이 걸린다고 그러더라고요. 당시에는 기술이 없어서 소나무를 이식하면 죽는다고 그랬어요. 그런데 제가 생각하기에는 '나무를 그냥 푹 파서 갖다 놓으면 되지, 안 될 거 뭐 있겠냐?' 라고 그랬죠. 그랬더니 조경하는 우리 직원들이 절대로 안 된다고 그러네요.

제가 고집이 세요. 한번 해보라고 했죠. 포클레인으로 푹 파서 했는데 그게 살 턱이 있겠어요? 죽었어요. 소나무를 딱 옮겨야 조화가 맞는데 말이죠. 그러고 있는데 마침 소나무를 아주 잘 옮기는 사람이 하나 있다고 해요. 조경을 학술적으론 전공한 건 아니었는데, 음양의 원리를 가지고 한국식 정원을 만든다는 사람이었어요. 자기가 소나무를 옮길 수 있다고 해요. 김형수 씨라고, 지인의 소개를 받아서 알게 됐어요.

일반 조경과 교수들은 이 사람 말을 믿질 않더라고요. 엉터리래요. 배척당한 사람이었는데 저한테 온 거죠. 소나무를 옮길 수 있다고 해요. 일단 인부 두 사람 몫을 주기로 하고 추진시켰어요. 도둑질하는 것은 아니니까 제가 책임지겠다고 했어요. 그때 그 양반 나이가 꽤 됐어요. 50~60대 정도였어요. 일단 옮기는 걸 봤어요. 포클레인으로 파더니 뿌리를 새끼줄로 감더라고요.

일단 처음에는 30개 정도 옮겨봤어요. 큰 거는 중량이 꽤 됐어요. 운반해서 갔더라고요. 그런데 소나무를 옮기는 비용이 얼마인지 공사 금액에 집어넣어야 하는데 방법이 없더라고요. 보통 설계하면 설계기준이 있어요. 정부에서 나온 기준 같은 게 있죠. 그런데 이건 없어요. 그렇지만 소나무 가치를 보면 큰 소나무 하나를 옮기면 지금 돈으로 1,000만 원 정도 돼요. 가치로 보면 상당하죠. 그래서 소나무를 하나 옮기는 데 얼마 들어가는지를 전부 기록해서 설계기준을 만들었어요. 소나무 옮기는 데 얼마가 들어가는지 말이에요. 그래도 소나무 값의 1/10도 안 돼요.

소나무는 잘 옮겨졌나요?

잘 심었어요. 그 양반이 정말 열심히 하더라고요. 그때 소나무를 다 옮겼어요. 동물원 안에 있는 것도 다 그때 옮긴 거고, 도로변에 있는 소나무도 다 그때 옮긴 거예요. 그러니까 모두 난리가 났어요. 뭔 소나무를 이렇게 옮겼느냐고 말이에요. 그다음에 그 사람이 에버랜드로 가서 소나무를 옮겼어요. 그때가 1979년 무렵이에요. 그때부터 우리나라에서 소나무를 보편적으로 옮기게 됐어요. 성황이었죠.

그분은 나중에 돈을 많이 버셨나요?

그런데 그 양반이 한 3년 정도 더 살다가 돌아가셨어요. 하여간 그때 거기서 일하던 사람들이 소나무 기술자가 된 거였죠. 저는 1982년까지 거기 있다가 종로구청의 건설국장으로 옮기게 돼요. 덕분에 준공은 다 못했죠.

국립현대미술관도 원래부터 같이 만들기로 되어 있었나요?

일단 그 옆에 있는 캠핑장부터 얘기할게요. 지금 미술관 자리에서 보면 골짜기 쪽으로 캠핑장이 되어 있을 거예요. 애초 계획은 청소년 캠핑장으로 만들려고 했어요. 미술관 자리에는 유스호스텔을 만들고요. 원래는 그렇게 계획되어 있었죠. 그리고 산불을 조심해야 하니까 도시가스로 밥을 해 먹을 수 있게 일정한 취사장도 만들고요. 외국에 가면 그런 캠핑장들이 있잖아요.

미술관은 원래 계획에 없었네요.

사실 미술관은 거기에 있을 것이 아니었어요. 그런데 그때 문공부 장관이 와서 (그 땅을) 달라고 한 거예요. 서울시가 문공부한테 밀린 거죠.

서울대공원 캠핑장

국립현대미술관

그러고 보니 원래 땅을 가지고 있던 김재춘 씨는 나중에 어떻게 됐나요?

김재춘 씨는 떨어져 나갔어요. 원래는 서울랜드 이권을 자기한테 달라고 그랬거든요. 그래서 서울시는 검토해보겠다고 했어요. 그러다가 유류파동이 났단 말이에요. 원래 놀이공원 장치들을 일본에서 들여와서 만들기로 했거든요. 그런데 기름값이 막 뛰니까 사업이 안 되는 거죠. 그 후로 놀이시설 유치가 안 됐어요. 한참 있다가 다시 만들어지기 시작한 거죠.

서울랜드가 늦게 만들어진 게 그런 이유였네요.

그래서 김재춘 씨는 자연스럽게 떨어져 나갔던 거죠. 처음 시작할 때만 하더라도 상당한 이권이라고 생각했지만, 사업성이 없어진 거죠. 누가 하지 말라고 해서 안 된 건 아니었어요. 그리고 나중에 보니까 김재춘 씨가 빚이 많았다고 그러더라고요. 땅값을 보상받고도 은행 빚을 다 못 갚았다고 그랬어요.

중앙정보부장을 지냈는데도 은행 빚이 많았나요?

모르겠어요. 개인적으로 그런 거니까요. 1970년대니까 은행 이자가 높았잖아요. 배보다 배꼽이 더 커진 거겠죠.[06]

---

06 서울대공원 부지는 원래 김재춘 소유의 토지였다. 1966년 그는 인산농원을 설립하였고, 1968년 한국배합사료협회 회장을 지냈다. 그의 주장에 따르면 1968년 5월경 박정희 대통령의 지시로 전쟁과학연구소 부지로 사용하기 위해 매수하였다고 한다. 하지만 연구소의 최종 부지가 대전으로 결정되었고, 1971년 환율 인상과 그린벨트 지정 그리고 1973년 제1차 석유파동을 겪으면서 인산농원은 경영난으로 부도를 맞았다. 이에 1974년 박정희 대통령은 김종필 국무총리를 통해 금융기관들에게 김재춘의 기존 부채 탕감과 이자 동결을 지시하였고, 해당 지역을 대공원으로 개발하라는 지시를 내렸다. 이후 1976년 5월 16일 구자춘 시장은 박 대통령에게 서울대공원의 운영을 서울시가 담당하겠다고 건의하였고, 1978년 10월 7일 서울시가 과천 토지를 기부채납 받는 대신 대공원 운영권 일부를 양도한다는 방침을 결정하였다.

문제는 김재춘이 갖고 있던 부채였다. 이에 1978년 10월 10일 김재춘과 구자춘 시장 간에 부채를 포함한 대토와 근저당이 설정된 토지의 기부채납 문제 등을 구두로 협의하였다. 이어 1978년 10월 20일 김채춘은 서울시에 토지사용허가서를 접수하였고, 10월 30일 서울대공원 기공식을 가졌다.

그런데 12월 군 출신인 구자춘 시장 후임으로 경찰 출신인 정상천 시장이 취임하였다. 또한 1979년 10월 박정희 대통령이 서거하고 신군부가 집권하는 와중에 구두로 협의했던 부채와 기부채납 문제는 지지부진하게 되었다. 결국 1980년 12월 30일 서울시가 해당 토지를 감정가인 약 14억 원으로 매입해 부채와 이자를 탕감하고 소유권이전등기를 하기로 합의하였다. 대공원 운영권 등 구두로 협의했던 안건은 받아들여지지 않았다.

이후 1990년 12월 김재춘은 서울시를 상대로 막계리 소재 136만 평의 토지에 대한 소유권이전등기 말소 소송을 제기한다. 서울시가 관계인들과 결탁하고 서류를 위조하는 방법으로 소유권을 부당하게 가져갔다는 것이 주요 내용이었으나 1996년 10월 대법원에서 최종 패소하였다(손정목, 《서울도시계획이야기》 4, 한울, 2003, 96~124쪽, 158~162쪽 참조).

종로3가 정비와 홍등가 철거

아까 말씀하신 것처럼 1982년에 서울대공원에서 종로구청 건설국장으로 가게 됩니다. 종로구청에서는 어떤 일을 하셨나요?

종로구청 건설국장으로 가서 했던 건 종로3가 매춘타운을 철거하고 공원을 만드는 일이었어요. 한옥집이 쭉 있었거든요. 거기가 전부 홍등가였었죠.

1980년대 초반에도 종로3가에 홍등가가 있었나요?

그럼요. 그러니까 거기를 철거해서 정비하자고 했던 거예요. 공원을 만들자고 했죠. 종로구청으로 오더가 떨어진 거예요. 지금의 종묘공원이랑 그 주변이 다 그랬어요.

홍등가였던 한옥들을 철거할 때 보상은 어떻게 했나요?

시가로는 안 줬어요. 그래도 가옥주 문제는 별거 아니에요. 거기 있는 포주들이 제일 문제죠. 억울한 종사자들도 그렇고요. 그 사람들 문제가 제일 컸어요. 다 철거해버리면 어디로 가겠어요? 반발이 심했어요. 또 그 사람들이 사실 사회적으로도 최말단에 있었잖아요. 막다른 골목에 있는 사람들이 많거든요.

말 그대로 취약계층인 거죠.

그래서 이걸 하는 데 보통 힘이 드는 게 아니었어요. 그래도 어쨌든 철거를 해야 하는 거였죠. 도심에 몇천 가구씩, 법에도 없는 것들이잖아요. 그러면 안 되잖아요? 그걸 없애는데 불행인지, 다행인지, 하여간 제 소관이 되었던 거죠. 만 몇백 평 정도였어요. 아주 힘들었어요. 데모도 하고 난리를 피우고 그랬어요.

건설국장이니까 그 사람들을 직접 대면해야 하잖아요?

그것도 제가 다 했어요. 그렇게 해서 1984년도에 철거를 다 했죠. 마무리를 지었어요.

오늘날의 종묘광장공원

힘들었던 일화는 없었나요?

일단 종로경찰서랑 같이해야 해요. 경찰하고 합동해서 철거를 했어요. 별별 사람들이 다 있었어요. 자살하려고 하는 사람, 가스통 갖고 와서 데모하는 사람, 구청에도 쫓아오고, 본청 시장실에도 쫓아오고, 한두 번이 아니었어요. 건설국에 와서 제 멱살도 잡고, 별 짓을 다 봤어요. 그래도 해야 한다는 의지를 갖고 디데이D-day를 잡았죠. 작전계획을 세우고 직원이랑 경찰들을 전부 동원했죠. 정보도 일부러 흘렸어요. 제일 극단적으로 반대하는 사람부터 잡아간다고 말이에요. 아예 그렇게 홍보를 했어요. 좌우간 아무 사고 없이 주동자들 몇 사람을 딱 잡아다 놓으니까 조용해지더라고요. 바로 포클레인 여러 대를 갖다가 한 번에 철거했어요. 이틀 만에 다 했지요.

서울올림픽 준비와 동부간선도로에 얽힌 비화

그다음에 서울시 건설관리국 도로과장으로 가시게 됩니다. 그때가 1985년이니까 아무래도 1986년의 아시안게임이랑 1988년 서울올림픽 준비가 한창일 때였을 텐데요. 도로과에서는 아시안게임이나 올림픽과 관련해서 어떤 일을 했나요?

그때가 염보현 시장 때였어요. 일단 외국인들이 국내에 들어와서 경기를 관람하려고 다니면 제일 먼저 눈에 띄는 것이 도로에요. 이동할 때 눈에 보이니까요. 제일 큰 문제는 강남 지역이었어요. 거기는 그때도 미개발이 많았거든요. 공지空地가 많으니까 아주 보기가 싫었어요. 경기장 주변에도 공지가 많았거든요. 그리고 고층건물에서 내려다보면 서울 시내에 있는 2층이나 3층 건물 위의 옥상이나 옥탑들이 지저분했어요. 깨끗하게 정리해야 했죠. 그것들이 가로정비에 속하는 거였어요.

그리고 강변도로 주변도 꽃단장해야 했어요. 시내 도로에 있는 가로등을 깨끗하게 정비해야 하고요. 터널도 그렇고요. 전부 도로과장 소관이었어요. 아예 구청별로 매주 버스를 타고서 염 시장하고 순찰을 다녔어요.

관용차가 아니라 버스를 타고요?

시장 차는 아니지만, 서울시청 소관 버스를 타고 다닌 거죠. 예를 들어서 종로구에 가면 종로구 건설국장도 함께 태우고 다니는 거죠. 종로구 관계자들도 같이 태워서 이거 이거 하라고 시키고, 그 사람들은 다 메모하고요.

낮에만 다녔나요? 혹시 밤에도 직원들을 버스에 태워서 돌아다녔나요?

낮에는 그렇게 다니고, 밤에는 모여서 회의하고 그랬어요. 출근도 빠르면 5시, 보통은 7~8시에 했어요. 퇴근은 저녁 밤중에 했고요. 결재할 거 있으면 12시 밤중에 시장한테 가서 결재받아오고 그랬어요.

올림픽대교를 시찰 중인 염보현 시장(1987년)

그러면 시장실로 가서 결재를 받았나요?

시장 관사로 가서 받아오죠. 퇴근했으니까요.

뭐라고 안 그러세요?

사업이 급하면 관사에서라도 시장이 결재해야죠.

당시 도로과에서 가장 큰 사업은 어떤 거였나요?

일단 상계동이랑 중계동 쪽으로 가는 도로를 만드는 거였어요. 상계랑 중계 지역에 아파트가 개발되었거든요. 그런데 도로가 하나 밖에 없었어요. 동일로라고 영동대교 넘어가는 도로거든요. 그런데 거기에 아파트들이 막 들어서잖아요. 도저히 그거 가지고는 방법이 없어요. 도로를 하나 더 만들어야 했어요. 그런데 도로를 만들 데가 어디 있겠습니까? 그래서 원래는 중랑천에 쭉 교량을 세워서 위에다 도로를 만들기로 했어요.

교량처럼 만드는 거네요.

맞아요. 교량이에요. 그런데 그렇게 만들면 돈이 엄청나게 들어가요. 기간도 굉장히 오래 걸리고요. 그래서 제가 대안을 찾았어요. 중랑천 정비할 때 원래는 고수부지를 만들려고 했거든요. 지금은 둔치라고 하죠. 그걸 그냥 도로로 만들자고 말이에요. 그리고 비가 오면 며칠 동안 못 댕기고, 비가 빠지면 다니게 하고, 그렇게 하자고 말이에요. 그랬더니 건설부에서 난리가 났어요.

건설부에서 왜 난리가 났나요?

왜냐하면 〈하천법〉에는 그렇게 못하게 되어 있거든요. 일단 하천은 건설부 소관, 국유하천입니다. 한강, 탄천 일부, 중랑천 전부 다 국유하천이에요. 건설부 장관이 주이고 서울시는 관리하는 관리청인 거죠.

상계동 지역 아파트 단지

건설부 장관의 승인이 있어야 그걸 할 수 있는 거네요. 서울시에서 건설부랑 협의했나요?

건설부에서 까닥이나 하겠어요? 건설부에 있는 하천관리위원회에서도 무식한 소리라고 그랬어요. 그런데 제가 소신이 있거든요. 하천에 도로를 만들고, 나중에 물 불어나면 도로에 물 흐르는 거지, 뭐가 문제겠어요? 일단 만들어 놓고 다니는 게 우선이죠. 시민들이 어디로 다니겠어요? 막 우겼어요.

말 그대로 우기셨네요.

맞아요. 그리고 언론플레이도 해야죠. 신문기자들 밥 사주면서 "어때? 굿 아이디어지? 나 좀 도와줘."라고 말이에요. 그렇게 해서 언론에서 보도하니까 건설부에서 난리가 났어요. 언론플레이한다고 말이에요. 물론 저는 "언론플레이가 아니고, 기자랑 밥 먹다가 얘기했더니 그놈들이 썼어."라고 말했죠.

시민들도 솔깃해했어요. 왜냐하면 공사 기간이 빠르거든요. 공사비도 1/3이 안 돼요. 그러면서 교량을 올리는 건 차차 하겠다고

동부간선도로

했어요. 이거는 우선 급한 불을 끄는 거라고 말했죠. 임시적인 도로라고 우겨서 한 거죠. 그게 지금의 동부간선도로가 된 거예요.

동부간선도로가 만들어진 비화네요. 그런데 거기로 다니면 경관이 좋아요. 임시도로 같지는 않아요.

시간이 좀 지나니까 그런 거죠. 그러고 당시에는 〈하천법〉이 너무 경직되어 있었어요. 나무 하나도 못 심게 되어 있었어요. 나중에 풀리게 된 거예요.

올림픽이 끝나고 녹조훈장을 받으셨네요. 당시 건설이랑 토목 업무를 맡으신 분들이 올림픽을 전후해서 훈장을 많이 받으신 거 같아요. 다들 고생을 많이 하신 거 같네요.

네, 맞아요. 고생들 많았죠. 서울시의 건설이 전국 건설의 기준이 되거든요. 보도블록 같은 것도 서울시에서 만들면 전국적으로 퍼져요.

네, 좋은 말씀 감사합니다. 인터뷰는 이것으로 마치겠습니다.

“

물속으로 들어가는 다리를 만들라고 지시가 온 거죠

”

면 담 자 박광명(동국대학교)
면담주제 서울시정과 공무원들(교통 · 도시기반시설)
면담일시 2018년 8월 14일(1차) · 16일(2차) · 21일(3차)
면담장소 서초구 코리아비즈니스빌딩(1 · 2 · 3차)

김영수

1939년	서울시 서대문구 행촌동 출생
1963년	서울시 수도국 근무
1964년	서울대학교 토목공학과 졸업
1966년	서울시 건설국 토목과
1970년	서울시 지하철건설본부 공사계장
1975년	서울시 건설국 교량계장
1977년	서울시 지하철본부 건설과장
1978년	서울시 건설국 도로과장
1978년	서울시 지하철본부 기획조사과장
1981년	서울시 시설계획과장
1984년	서울시 종합건설본부 차장
1985년	서울시 올림픽준비단 시설건설관
1988년	서울시 도시계획국장

서울시에서 일하게 된 계기

이번 면담은 '교통 · 도시기반시설 건설과 서울시 공무원들'이라는 주제로 실시하는 서울역사편찬원의 구술채록사업입니다. 오늘은 김영수 전 도시계획국장님을 모셨습니다. 선생님께서는 서울시 건설국 교량계장을 비롯해 도로과장과 종합건설본부 차장 등을 지내셨습니다. 우선 서울시에서 일하게 되신 과정에 대해서 말씀을 부탁드리겠습니다.

제가 군대를 다녀와서 복학하고 반년 정도 지나서였어요. 대학교에는 복학생들 있고 군대 안 갔다 온 친구들도 있어서 2년 차이가 나도 같이 섞여서 공부하잖아요. 그런데 군대를 안 갔다 온 친구들은 군 문제를 어떻게 해결할까를 주로 생각하니까 취업에 대해서 복학생처럼 절실하지는 않아요. 복학한 사람들은 절실하거든요.

그렇게 있는데 신문을 보니까 서울시에 채용 공고가 났더라고요. 아마 7~8월이었을 거예요. 방학이라서 친구들과 같이 가서 봤지요. 거기서 둘은 떨어지고 저랑 한 친구는 합격 통보를 받았어요. 수도국으로 발령이 나더라고요. 그런데 졸업 전이었거든요. 난감하더라고요. 당시 수도국장이 은사였어요. 대학에서 우리를 가

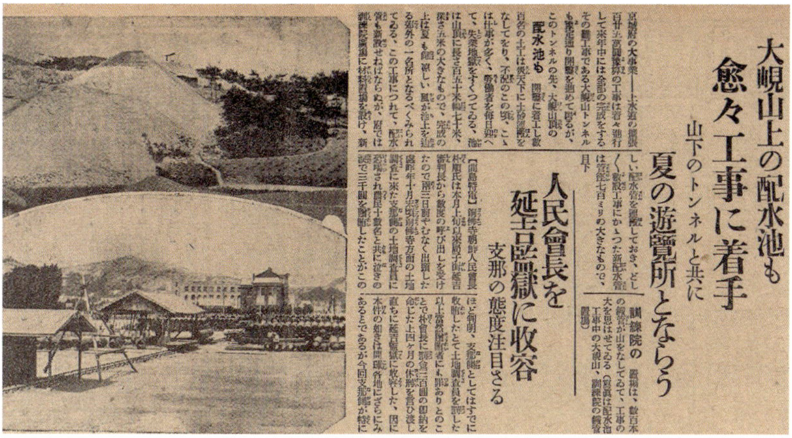

大峴山上の配水池も
愈々工事に着手
山下のトンネルと共に
夏の遊覧所とならう

人民會長を
延吉監獄に收容
支那の態度注目さる

1930년 6월 25일자 《경성일보》의 대현산배수지 건설 착수 기사

르쳤던 최종완 박사[01]였어요. 군대 가기 전에 그분한테서 배웠죠. 그때 상의할 사람이 그분 밖에 없더라고요.

그래서 그분한테 전화를 걸었죠. 제 사정을 말했어요. 물론 수도랑 토목이랑은 좀 달라요. 같은 거 같지만 좀 달라요. "어쨌든 공부를 계속해야 하는데 당황스러워서 누구한테 상의도 못 드리고 제가 이렇게 선생님께 전화를 드렸습니다. 어떻게 했으면 좋겠습니까?" 라고 단도직입적으로 물어봤죠. 그랬더니 최 국장님이 "야, 쓸데없는 소리 하지 말고 바로 부임해."라고 하더라고요. 그러면서 지금의

01 최종완(1927~2001)은 서울대학교 토목공학과를 졸업하고 미국 미네소타대학에서 토목공학 박사학위를 받았다. 이후 서울대학교 공과대학 토목공학과 교수에 임용되었고, 장충체육관 설계에 참여하였다. 1961년 서울시장 김상돈에게 발탁되어 서울시 초대 수도국장으로 부임하였다. 1969년 건설부 국립건설연구소 소장, 1970년 서울시 제2부시장에 임명되었다. 이후 강원도지사, 과학기술처 장관, 건설부 장관 등을 역임하였다.

대현산배수지로 발령을 냈어요. 거기가 제일 말단 자리예요.

배수장에 펌프장이 있고 산꼭대기에 배수지가 있어요. 물을 배수지로 올렸다가 거기서 자연유하식[02]으로 가정에 공급하는 거였어요. 항상 모터가 돌아가면서 조절하는 거죠. 가니까 조절수調節手라고 있어요. 배수지에서 물을 파이프라인으로 공급하는데 밸브를 돌려서 이리 보내고 저리 보내는 걸 했죠. 거기에 모터 같은 게 많거든요. 그러니까 그런 것들 공부하라고 가라고 한 거였어요. 그런 걸 경험할 기회가 절대 없을 테니까 거기 가서 배우고 시작하라는 거였죠. 정말 망설이긴 했는데 기왕 이렇게 됐으니까 일단 부임을 했어요.

공부하라고 거기로 발령 낸 것 같네요.

맞아요. 소장은 기술직인데, 거의 제 부모님 가까운 나이쯤 될 거예요. 제가 학교를 다 못 마쳤다고 하니까 가끔 학교는 가라고 그래요. 공부할 거 있으면 여기서 하라고도 했어요. 물론 거기서 할 일은 별로 없었어요. 그런데 가만히 앉아 있기는 그래서 공장 청소도 하고, 쫓아다니면서 관리도 하고, 그런 걸 했죠. 밑에 조절수는 일반직도 아니었어요. 고용직이었어요. 그런데 대학교 졸업하는 녀석이 와서 이런 걸 같이 하고 있으니까 이상하게 봤어요. 공장에

---

02 자연유하식 배수방법은 배수지와 급수구역에 고저 차이에 기인하는 자연낙차를 이용해 배수하는 방식이다. 개수로식과 관수로식이 있다. 도수와 송수가 안전하고, 유지관리가 용이하다. 관리비가 적게 소요되어 경제적이다. 수원의 위치가 높고 도수로가 길 경우 적당한 방식이다.

서 일하고 사무실로 돌아오면 소장이 신문도 보면서 학교 공부도 하면서 하라고 그랬어요.

그렇게 몇 개월 있으니까 소장이 본청의 급수과장한테 얘기를 한 모양이에요. 수원지 관리하는 상위부서가 급수과거든요. 사무소에 저 같은 녀석이 왔다고요. 그러니까 바로 파견발령을 내더라고요. 급수과에 갔더니 과장이 여기서 일하라고 해요. 급수과 안에 배수계로 발령받았어요. 그때 수도국장이 최 선생님이었지만 그분이 시킨 건 아니더라고요. 급수과장도 나이가 많았거든요. 공부하는 걸 좋아하는 분이라서 절 부른 거였어요.

배수계에서는 어떤 일을 하나요?

배수계에서 가장 중요한 일은 물을 공급하는 거였어요. 그때만 해도 변두리 지역에는 물이 못 가서 시간급수를 했거든요. 그래서 상당히 예민했어요. 방송에서도 생방송으로 직접 배수계에 연결해서 물 공급이 중단된 지역이 어디인지 안내 방송을 했어요. 배수계장이 일제강점기부터 근무했던 분이었는데, 당시 거기에서 근무하던 사람들은 다들 경력이 많았어요. 어쨌든 소위 수도계통, 그러니까 수도는 수리학하고 관계가 많아요. 이쪽 학문에 수로 계통의 수원지 같은 걸 배워요. 수원지, 하수처리 같은 걸 토목과에서 다루는 분야에요. 그래서 주변 사람들은 대개 아는 사람들이죠. 선배들도 있고, 같이 시험도 치고 들어온 동년배들도 있었어요.

일단 저보고 처음에 시킨 게 관망管網계산[03]이었어요. 공부했으니까 그걸 계산해보래요. 수량을 계산하는 거예요. 정말 허황된 거였어요. 물론 책에 그런 것들은 있어요. 하지만 생전 해보지도 않았는데 어떻게 하겠어요? 그런 게 있다는 얘기만 들은 수준이었거든요. 하라고 하니까 못한다는 소리는 못 하고 책 뒤지면서 공부를 한 거죠.

일단 제가 대현산배수지에 있었으니까 거기에 대한 관망계산을 먼저 하라고 했어요. 거기서 물이 나오면 관을 따라서 나뉘어서 가정으로 가요. 그런데 독립된 한 개의 관으로 흘러가는 게 아니고, 다 얼키설키 연결되고 섞여 있어요. 그물처럼 되어 있는 거죠. 그런 상태에서 물을 보내면 가정까지 물이 공급될 때 얼마만큼 끄트머리까지 물이 가는지, 관 밑의 수압이 얼마만큼인지 계산하는 거죠.

대현산배수지의 관 도면이 있어요. 관망을 그려 놓은 거죠. 그걸 보면서 관들이 어디서 얼마나 갈라지는지, 거리는 얼마인지, 다 조사해서 계산하는 거예요. 계산한 다음에는 분석평가를 해보라고 해요. 공부시킬 겸 얼마나 하는지 보자는 거였어요.

복잡한 일이네요.

그렇죠. 나중에 생각해 보니까 시가지의 도로 교통량을 계산하는

---

03 관망계산은 배수 시점의 수면 높이와 여러 급수관의 유출 수량, 절점 수압을 계산하여 관로의 유량을 결정하는 방식이다. 물이 안정적으로 공급되게 하는 것을 목적으로 한다. 관망이란 도심지역의 생활용수·공업용수 급수관과 같은 여러 관이 서로 연결되어 형성된 복합 관수로를 말한다.

거랑 비슷하겠더라고요. 서울시에 도로망이 복잡하잖아요. 비슷하게 교통량의 캐파capacity를 계산할 수 있겠다는 생각이 들더라고요. 도로 폭이 나오고, 거리가 나오고, 교차로에 신호주기를 계산하고, 전체적으로 모아서 계산하면 나올 것 같더라고요. 그거를 정리하고 이론화하면 작품이 되겠다는 생각도 해봤어요.

물론 그걸 하려면 계산이 상당히 복잡하겠죠. 그렇지만 그때 전산이 지금만큼 잘 되어 있었다면 분명히 계산할 수 있었을 거예요. 지금은 어떻게 하고 있는지 잘 모르겠지만, 교통량이 나오면 어디서 어떻게 흘러가는지, 도로 폭이 모자라는지, 어디가 문제인지, 아마 그런 걸 분석할 수 있는 데이터가 지금은 있을 거예요.

그 일을 너무 잘해서 시키신 분이 혹시 난감해하지는 않았나요?

잘했다고 그랬어요. 다만 그 계산값을 활용하기는 쉽지 않았어요. 거기에 하나하나 팩터factor 변화를 주면서 컨트롤을 해야 하거든요. 그리고 지금 상태로도 밸런스가 맞아요. 안 좋아도 설비는 돌아가는 거죠. 제가 어디가 나쁘다고 결과를 알려준 거예요. 그러면 그걸 해소하기 위해서는 어디를 조절하고, 물의 공급을 한쪽에서 다른 한쪽으로 돌려야 하는 거예요. 기계 수량까지 컨트롤해서 돌려야 하는 거죠. 실제로 그렇게 하기가 쉽지 않았어요.

일단 균형이 맞게 조절되어 있어요. 그걸 조절하는 사람이 아까 얘기한 조절수예요. 사업소마다 조절수가 있었고, 유능한 사람들이었죠. 그 사람들이 그때까지의 경험으로 세팅해놓은 거예요. 그걸로 현상 유지를 하는 거죠. 그런데 거기에 손을 대면 전체적으로 흐트러지니까요. 겁이 나서 못 하는 거예요.

한쪽을 바꾸면 다른 나머지가 다 바뀌게 되는 거죠.

그렇죠. 죄다 영향을 미치니까요. 그러니까 함부로 못 해요. 강요할 수 없어요. 급수과에 고급기사들이 주임으로 있어요. 고급기술자들이 조절수한테 어떻게 하라고 지시를 못 해요. 그네들도 모르는 거죠. 조절수한테 해결 좀 해달라고 하는 거였죠. 조절수들 덕분에 밸런스가 유지되고 있는데 그거를 흔들 재간이 있겠어요? 못하는 거죠.

이론적인 계산값보다는 일단 거기서 운영하셨던 분들의 경험이 더 우선하는 거네요.

맞아요. 계산값대로 되려면 지금같이 데이터화, 전산화가 되어야 하거든요. 장치들이 자동으로 연동되고 조정해서 밸런스를 맞춰줘야 하는 거죠. 그때는 사람이 하는 거니까 못하죠. 일단 그때는 계산할 수 있는 수단이 없었어요. 우리가 대학교 다니면서 구조 계산할 때도 주로 슬라이드를 썼어요. 계산자slide rule라고 있어요.[04] 공과 계통에서는 그런 걸 썼어요. 관공서에서는 더하기, 빼기, 루트 같은 걸 하는 계산기는 손으로 돌리는 수동식 계산기 밖에 없었어요.

---

04 계산자는 복잡한 수학 함수 계산을 간단히 할 수 있도록 만든 자 형태의 도구이다.

당시 참고하셨던 책들은 국내에서 발간한 것이었나요? 아니면 다 외국 서적이었나요?

대개 교과서 개념의 책들은 우리나라 것도 있었어요. 기초적인 것들은 교수들이 교재로 만들었죠. 우리는 그걸 복사해서 썼어요. 일본 책도 참고가 많이 되었고요.

배수관이나 토목 기술과 관련해서는 당시에는 일본이 한국보다 경험이나 노하우가 있었으니까 그런 거 같아요.

그렇죠. 일본 책이 많이 있었어요. 우리 때만 해도 일본 책을 자주 봤어요. 저 같은 경우에는 국민학교를 해방되고 바로 들어갔거든요. 그런데 저보다 높은 연배는 국민학교 1~2학년을 일제강점기 때 다녔어요. 그래서 (선배들은) 일본말을 할 줄 알았죠. 우리는 못했지만요. 그래도 한자가 많으니까 접근하기는 쉬웠어요. 형용사 같은 거는 있지만 한문 토씨로 연결이 되거든요. 그러니까 다들 그걸 봐요. 보니까 익혀지고 그랬죠. 그렇게 직장 생활 시작한 거죠.

대현산배수지는 지금의 대현산배수지공원을 말하는 거죠?

네, 맞아요. 왕십리에서 한양대학교를 넘어가면 입구에 철도를 넘는 고가교가 있어요. 거기를 못 미쳐서 오른쪽에 왕십리펌프장이라고 있었어요. 전에는 일반인 접근이 안 되는 보안지역이라서 경비가 엄했어요. 독극물이나 위생에서 위험한 걸 방지해야 했거든요. 그리고 대도시의 고층 건물 같은 데는 자연 유하식으로 물공급

오늘날의 대현산배수지공원(응봉근린공원)

하기가 어려워서 직접 펌프로 물을 밀어서 보내는 가압식 방법을 써요. 그래서 뚝섬수원지에서 오는 물을 받아서 펌핑한 다음에 수원지로 올려보내죠. 탱크에 저장하는 거예요. 그리고 수문을 열어서 그 물을 꼭대기에서 낙차로 자연유하를 해서 공급하는 거예요. 그런데 원체 수량이 모자랐어요. 배수지가 더 커야 했죠. 그래서 그 대안으로 펌프장에서 물을 산으로 올려보내는 게 아니고, 가압을 해서 서울 시내로 직접 보냈어요. 직송을 한 거죠. 물론 펌프장에는 항상 물이 있어야 했어요. 펌프가 돌아가야 공급을 할 수 있거든요. 그러니까 저류탱크가 있어야 해요. 그런데 저류탱크가 부족하니까 더 만들어야 했어요. 그게 국장이었던 최종완 박사가 지시한 거죠.

급수과로 오더가 떨어졌어요. 저류탱크를 만들라고요. 지금은 이런 규모의 공사는 모두 외부 용역으로 설계를 하지만 그때는 직접 설계해서 시공하라고 했던 거죠. 그래서 과장이 저한테 설계를 시켰죠. 그때 정기영 과장이라고 있었어요. 지하 탱크를 만들어야 하는데 갓 대학교 졸업한 저한테 그걸 맡긴 거예요. 쉬운 일이 아니거든요. 난감했어요. 그래도 오기로 했어요. 토목핸드북이랑 구조설계지침, 시방서 등을 몽땅 다 꺼내놓고 모눈종이처럼 되어 있는 방안지 위에 연필로 설계도를 그렸어요.

일단 과장한테 보여줬어요. 결과는 불합격이에요. 기둥이랑 보 구조를 튼튼하게 설계를 했죠, 그런데 투박하고 촌스럽다고 그래요. 다시 설계하라고 해요. 보통 지하 구조물 탱크를 만들면 바닥이랑 벽체에 천장으로 슬래브slab를 덮어요. 그게 일반적인 구조거든요. 그래서 다음에는 플랫슬래브flat slab 설계를 했어요.[05] 벽체 구조에 위의 슬래브는 기둥 상부를 보강하는 거예요. 덮개 슬래브에 빔이 없는 구조죠. 천장에서 튀어나오는 게 없는 거죠. 그러니까 아파트 천장에서 보가 튀어나와 있으면 그만큼 공간이 무용이 되잖아요? 그런 걸 없애는 방법이에요. 기둥 주변에 구조적 취약점을 보강한 상판 구조 형식이죠. 생전 처음 설계해본 거예요. 그전

---

05 플랫슬래브는 지붕구조에 보가 없고 슬래브만으로 된 바닥을 기둥으로 받치는 철근콘크리트 건축 공업이다.

에 대학교 다니면서 아르바이트한다고 몇 군데 가서 설계하는 걸 보긴 했어요. 하지만 이렇게 제대로 한 건 그때가 처음이었어요. 천장 밑에 보를 격자형으로 대고 덮개를 씌우는 것이 기본적인 설계인데, 이거는 그거 없이 기둥 위에 바로 평평하게 천장을 올리는 방법이죠.

새로운 방법을 도입했네요.

그랬죠. 오케이 사인이 났어요. 그걸 가지고 공사감독으로 나간 거죠. 그런데 돈 계산하고, 입찰하고, 사업 감독하는 게 힘들어요. 그렇게 공사를 하는 데 하루는 과장이 현장에 왔어요. 쭉 점검하면서 철근 폭도 재봐요. 그러더니 저한테 야단을 치는 거예요. 철근이 빠졌다고 해요. 처음에는 무슨 말인지 몰랐어요. 사실 잘하고 있는 줄 알았거든요. 무슨 얘기냐면 철근 간격이 20cm여야 하는데 22cm로 넓어졌더라고요. 소위 철근 빼먹기였던 거죠. 그리고 거푸집이라고 있어요. 그것도 새로 공사하는 거니까 이론적으로는 새것을 써야 하거든요. 그런데 옛날에 쓰던 걸 갖다가 쓰고, 그것도 많이 훼손된 거, 낡은 거, 그런 것들을 썼던 거예요.

시정하고 공사를 했죠. 덕분에 공사감독이나 발주할 때 그 경험이 큰 도움이 됐어요. 돈이 관련되는 사업은 조심해야 한다는 걸 배웠죠. 체크하는 걸 스스로 배운 거라고 할까요? 물론 대개는 보조감독 같은 자리를 거치면서 이런 과정을 배우거든요. 그런데 저는 아무것도 없는 상태에서 처음부터 그걸 경험했던 거죠. 그런 시행착오를 겪으니까 기억이 잊히지 않아요. 가르쳐 준 과장님이 정말 고마워요.

토목과 발령과 무악재 도로공사

그 다음에 토목과로 발령을 받았습니다. 이번에는 그와 관련해서 말씀을 부탁드리겠습니다.

토목과로 발령을 받았어요. 갑작스럽게 발령이 난 거였어요. 그때 시청에 토목 기술자 경시대회가 있거든요. 대학교 출신 선배들도 있으니까 학구적인 분들이 많이 있었어요. 당연히 신참인 저보고 나가보라고 하더라고요. 직원들 경쟁시험이에요. 그런데 제가 수도국에서 플랫슬래브도 해보고, 여러 가지 구조설계를 많이 했잖아요. 보니까 구조설계 쪽 문제가 나와서 그냥 풀었어요. 그리고 그다음에 잊어버리고 있었는데, 제가 1등을 했다고 발표가 났어요. 그런 일이 있으니까 발령이 났다고 해요. 무슨 소린지 몰라서 어리둥절하고 있었어요. 과장이랑 국장이 인사발령 부서에 난리를 쳤어요. 협의도 없이 일방 발령이냐고 하면서요. 취소하라고 말이죠. 그런데 관에서 발령이 난 게 취소가 됩니까? 할 수 없이 딴 데로 가게 됐죠. 그때 가게 된 곳이 건설국 토목과였어요.

토목과 분위기는 어땠나요?

가서 보니까 계장들은 다들 대학교 선배였어요. 분위기는 좋았죠. 처음 가서 한 일은 독립문에서 무악재 넘어서 갈현동까지 가는 도로를 확장하는 공사를 했어요. 제가 보조감독으로 갔어요. 저는 기사보였어요. 지금의 7급이에요. 그때 주감독이 기사였는데, 6급이었죠. 저랑 연배 차이가 컸죠. 공병대 대위 출신인데 공사 경험이 많았어요. 감독을 할 때는 보통 몇 군데로 나누어요. 2~3곳으로 공구를 나눴죠. 독립문에서 홍제교까지, 거기서부터 갈현동 시계까지, 저는 독립문 쪽을 맡았어요. 거기서 도로공사를 배우는 거였죠. 그때는 무악재가 상당히 높았어요. 그런데 차가 다니는 도로는 구배 기준이 있어요. 그래서 깎아내려야 했어요.

그때랑 지금의 무악재 도로와는 높이가 달랐군요.

네, 맞아요. 높은 쪽을 깎아내리고, 방향도 바꿔가면서 깎았어요. 더 파고 확장을 한 거죠. 옛날에 청나라 사신이 오는 길이었죠. 좁은 길인데 지금은 큰 길이 되었죠. 공사량이 많았어요. 현장 나가서 측량하고, 깎는 거 확인하고 그랬어요. 그리고 중간에 설계 변경해요. 계산해서 암반을 얼마만큼 깎는 걸로 계약을 했는데, 공사하다 보니까 깎을 양이 더 늘어나기도 하고, 줄어들기도 하거든요. 정산하고 맞춰서 변경하는 거죠. 그러다가 나중에 최종적으로 확인을 받아요. 감사원에서 감사가 나오는 방식이죠. 그런 게 다 감사 대상이었어요. 물량이 맞는지, 구배가 제대로 맞는지 검사해요.

비용이 더 들어갔으면 과다설계가 되는 거고, 덜 들어가면 일반적으로 있을 수 없는 얘기고, 계약업자들이 가만히 있질 않겠죠. 보통 직접 가서 재요. 그런데 재는 위치에 따라서 약간씩 값이 달라져요. 그거 때문에 잘 맞는지, 안 맞는지, 설명해야 해요. 그렇게 깎고 혼나면서 정산을 하는 거죠.

당시 서울시로서는 큰 공사였어요. 그래서 준공 때에 맞춰서 기념비를 세웠어요. 그때 박정희 대통령이 '무악재'라는 휘호를 주셨어요. 비석 뒤에 설명은 김충현 선생이 썼는데, 서예로 유명한 사람이에요. 그리고 휘호 명판은 대리석인데 비석 몸체는 인조석으로 만들었어요. 콘크리트를 집어넣고 대리석 같이 나오게 하는 공

무악재 도로 옆에 세워진 공사 기념비

법이 있어요. 옛날 빌딩에 가면 계단 바닥에 돌 같은 거 뿌려져 있고 대리석같이 반반하게 되어 있는 거 생각하면 될 거예요. 지금도 그 기념비가 있을 겁니다.

그때 시장이 누구였나요?

김현옥 시장이었어요. 제가 처음 들어갔을 때는 윤태일 시장한테 발령장을 받았어요. 그다음에는 윤치영 씨가 이어받았죠. 그런데 윤태일 시장은 군 출신이었고, 윤치영 시장은 정치인이었어요. 조회 때도 본인은 정치인이라고 말했어요. 행정은 너희들이 철저히 챙기라고 했죠. 그러다가 김현옥 시장이 오게 된 거죠.

김현옥 시장(1966년)

윤치영 시장과 김현옥 시장은 정반대의 성향이지요.

네, 맞아요. 김현옥 시장은 '블루오션 시장'이라고도 할 수 있어요. 부산에서 시장을 하면서 해운대를 개발했잖아요. 도로 확장 공사를 하면 예산이 많이 들어요. 옛날 시장들은 그런 사업을 못 벌였어요. 예산이 집중적으로 들어가니까 과감하게 벌이지 못했어요. 조금씩 조금씩 해결하고 그랬어요. 그런데 군인들은 '무대뽀'로 밀고 나가는 거죠. 그런 표현을 하지만 장점이 거기서 나타난 거 같아요. 크게 제대로 벌였던 거죠. 김신조가 오면서 만든 북악스카이웨이도 그랬고요.

1·21사태와 북악스카이웨이 건설

1·21사태가 난 시기니까 1968년 무렵을 말씀하시는 거네요.

그렇죠. 김신조가 북악산 뒤편으로 넘어왔잖아요. 그래서 거기에 도로를 만들라고 오더가 떨어졌어요. 거기는 아무것도 없는 상태였는데, 도로를 만들라고 한 거죠. 북악스카이웨이를요. 창의문에서 쭉 타고 올라가서 돈암동 쪽으로 빠져나오는 길이죠. 그때 계장이 김병린 씨[06]였는데, 구간을 셋으로 나누었어요.

원래 도로공사는 사전에 도시계획선을 그은 상태에서 시작해요. 그런데 이번에는 아무것도 없는 상태에서 해야 했어요. 산악이니까 측량 자료도 없었고, 항공사진만 있었어요. 그거 한 장 딱 갖다 놓고 공사를 시작하는 거였죠. 그런데 원래 공사를 하면 회계법상 계약할 때 물량이 얼마인지, 돈이 얼마나 드는지, 언제까지 할 건지, (조사해서) 업자랑 계약하잖아요. 내역서를 붙여서 해야 해요.

북악스카이웨이는 관련 자료가 없으니까 얼마가 들지 모르잖아요?

맞아요. 이 공사는 그럴 수가 없어서 특수계약을 했어요. 구간을 만들 때는 설계가 확정되어야 물량이 확정되거든요. 그래서 공사 단가는 일단 가정을 해서 했어요. 가령 단단한 암巖은 1만 원, 연한 암은 5,000원, 그 단가만 세우고 견적을 내서 계약해요. 물량은 일일 단가표를 참조해요. 관에서 매기는 단가가 있어요. 암을 제거하는 데 사람이 얼마 들어가고, 재료가 얼마 들어가는지, 얼마로 정해져 있어요. 주먹구구는 아니었어요. 계산해서 산출하게 되어 있죠. 업자가 보고 '이건 얼마에 하겠다.'라고 단가 계약을 하는 거예요.

그렇게 해서 공사에 착수했죠. 제가 맡은 데는 현대건설에서 했어요. 창의문에서 전망대 지나서 군부대 안테나가 있는 구간까지였어요. 공사를 하려면 노선을 잡아야 해요. 노선을 어떻게 잡고

---

06 김병린은 1959년 서울대학교 토목과를 졸업하였다. 서울시 토목과 공원계장과 도로계장을 비롯해 지하철건설본부 공사과장과 서울시 도시계획국장 등을 역임하였다.

건설 중인 북악스카이웨이(1968년)

틀어서 곡선으로 만들지를 설계해야 해요. 공사에 맞춰서 아주 단시간 내에 끝내야 했죠. 참 죽을 둥 살 둥 많이 했어요. 그때 김신조가 그냥 울창한 나무를 넘어서 왔잖아요. 그러니까 그런 것을 막을 수 있어야 했거든요. 우선 군의 이동통로가 필요해요. 보급도 필요하고요. 그리고 차단하면 얼마나 보이는지, 실제 볼 수 있는 시거視距도 확보해야 해요. 그런 걸 염두에 두고 도로를 만들었어요. 북악스카이웨이 중 가장 핵심 구간이 제가 맡은 공구였어요. 바로 밑이 청와대였거든요. 명분은 제1관광도로라고 하고 만든 거죠.

관광도로를 표방했지만 실제로는 안보나 보안이 목적이었네요.

그렇죠. 그때서부터 안보개념이 투철하게 나왔어요. 그리고 그때는 하라고 하면 무조건 하는 시대이기도 했죠. 어쨌든 그때서부터 관광이라는 개념이 싹트기 시작했어요. 원래 서울시가 벌이는 토목사업은 기본적으로 막힌 데를 뚫어주는 거였어요. 그런데 그때부터 조금 달라졌어요. 물론 보안이나 안보도 있겠지만, 관광도로에 적합한 개념을 염두에 두면서 설계를 했어요. 꼭대기에 팔각정이 있잖아요. 안보만 따진다면 팔각정은 필요가 없거든요. 그런데 우리가 올라가서 보니까 정상부를 조금만 정리하면 넓은 평지가 나올 거 같아서 거기에 팔각정을 넣은 거예요. 매점으로 잘 쓰죠. 올라가서 보면 다 내려다보여요. 청와대도 보이고 남산도 잘 보여요. 서울이

오늘날의 북악팔각정

다 내려다보이는 거죠. 이게 관광이고 시민들의 휴식 공간이죠. 그때는 뭐 외국인 관광 개념까지는 아니지만, 시민들이 와서 볼 수 있고 드라이브 코스도 가능하게끔 생각하고 만들었어요.

지금도 서울 시내를 내려다볼 수 있는 코스 중에 하나죠. 나중에 가족분들이랑 드라이브 코스로 많이 다니셨나요?

우리가 만들어 놨는데 잘 가보지는 않았어요.

개통식 때는 기억나는 일화가 있으신가요? 대통령과 악수를 했다든지, 같이 사진을 찍었다든지 말이죠.

개통식 테이프 끊을 때 우리 같은 감독관들은 팔각정 주방 같은 데에 들어가서 못 나왔어요. 대통령 행사니까 보안 문제가 있잖아요. 그리고 스카이웨이 공사를 하면서 한 번 물난리가 난 적이 있었어요. 홍제천이 범람해서 사람들이 많이 죽었거든요. 소송이 걸리기도 했어요. 스카이웨이를 만든 곳이 높은 곳이니까 계곡 중간에서 물이 흐르는 것과는 상관이 없어요. 그런데 물이 나오는 시발점이랑 관련이 있다고 해서 영향을 미칠 수 있다고 그러더라고요. 물론 실제 연관은 없었어요. 소송도 무혐의로 끝났고요. 그래도 사실 겁이 나기는 했어요. 사람이 죽었잖아요. 어쨌든 북악스카이웨이는 특이한 목적으로 만든 거였죠. 시급하게 하기도 했고요. 의미 있는 사업이기도 했고요. 그래서 기억에 많이 남아요.

그리고 북악스카이웨이 만들면서 도로에 반사경을 처음 달았어

오늘날 곡선도로에 설치된 반사경

요. 우리나라에서 최초였죠. 커브가 많으니까요. 상대편 차가 오는 걸 봐야 하잖아요. 스무스하게 돌면 시야가 보이는데, 갑자기 나타나는 구간이 있으니까요. 곡선이 심한 곳은 반사경을 놓아서 반대편에서 오는 차가 보이게끔 했죠. 그런데 반사경은 앞면이 곡면인데, 그런 휘어진 거울을 파는 데가 없었어요. 거울을 씌울 프레임도 문제였고요.

반사경 같은 경우에는 거울 파는 집에 가서 만들어달라고 했어요. 유리에 열을 줘서 휘게 하고, 수은을 발라서 만들어 줬죠. 프레임은 청계천에 있는 대장간을 찾아가서 따로 만들어달라고 했어요. 철판을 구부려서 말이에요. 처음이니까 좀 원시적으로 했죠. 그리고 가드레일도 우리나라에서 처음 만든 거였어요. 보호줄이라고도 하죠. 물론 일본 같은 곳은 이미 그때도 있었죠. 우리가 일본 문헌 같은 거 찾아보고 우리 실정에 맞게 만들었어요.

반사경이나 가드레일 이야기는 처음 듣는 거 같아요.

그럴 거예요. 요즘은 너무나 당연한 시설이니까요.

강변도로 건설과 '강변일로' 휘호에 얽힌 이야기

강변도로 공사도 맡았던 걸로 알고 있는데요. 그와 관련된 이야기를 부탁드리겠습니다.

제가 1968년에 북악스카이웨이 공사를 준공시켰는데, 바로 1년 전인 1967년에 강변도로 공사를 했어요. 한강대교 남단에서 영등포 한강변의 반공순국용사 위령탑까지 도로죠. 그때는 서울 도심에서 영등포로 가려면 한강대교를 건너서 가는 길이 노량진로 하나뿐이었어요. 길이 좁으니까 병목현상도 생기고 혼잡이 심했지요. 그래서 노량진로의 혼잡도 해결하고 한강 제방도 보강하면서 부수적인 이익도 염두하는 공사가 계획된 거죠. 김현옥 시장의 아이디어였어요.

그런데 한강 제방 공사가 쉽지 않았어요. 일단 한강은 여름 장마철에 홍수를 생각해야 하거든요. 그래서 전 구간이 4km가 안 되는

데도 3개 공구로 나누어 서로 경쟁시키는 방식을 썼어요. 돌관공사로 한 거죠. 제가 맡은 구간은 한강대교 남단부터 철교 밑을 지나서 여의도 진입로 부근까지였어요.

공사 구간 내에는 노량진 수원지가 붙어 있었어요. 또 도로 예정지 밑에는 상수도 송수관이 있었고요. 마구 파헤칠 수가 없었죠. 장마철에 한강물이 불어나기 전에 제방의 법면을 보호하는 공사도 해야 했어요. 어려운 일이 많았어요. 노량진 수산시장이 있던 곳도 처음에는 강바닥이었어요. 제방을 쌓고 매립해서 생긴 땅이죠. 어떻게 보면 강변도로 건설이 한강개발의 시작이라고 할 수 있어요.

이때는 아직 노량진수산시장을 만들거나 계획이 없었던 때죠?

그렇죠. 단순히 부지만 잡아놨던 거죠. 이 공사를 하면서 여의도 비행장 이전이 이루어진 거죠. 그런 의미에서 한강개발의 시작이라고 한 거예요. 그리고 강변도로가 우리나라 최초의 유료도로에요. 그때는 주변에 강변도로만 있어서 여기로 가면 시간이랑 연료가 단축됐어요. 그거에 상당하는 금액 일부를 돈으로 내는 거죠. 서울시가 만들 때 유료도로를 신청하고, 건설부에서 유료도로로 승인했어요. 최초였죠. 한동안 운영했어요.

몇 년 정도 유료도로로 운영됐나요?

정확히 기억은 안 나지만 당초에는 15년간 유료화로 되어 있었을 거예요.

노량대교

강변일로는 1976년에 무료가 된 걸로 알고 있습니다.

그렇죠. 처음에는 징수하고 했지만, 나중에는 괜히 혼란 주지 말고 그냥 없애버리자고 했어요. 강변도로가 나중에는 영등포 입체교차로를 통해서 여의교랑 마포대교로 연결되는 거죠. 그리고 유료도로 처음 만들 때 소위 톨게이트 같은 시설을 만들어야 하잖아요. 그런데 우리가 생전 톨게이트를 봤나요? 어떻게 생긴 건지 잘 모르잖아요. 그래도 뭐 필요하니까 시설을 설계했죠. 요새 톨게이트는 차가 안 서고 그냥 달리지만, 그때는 다 수동이었죠. 어쨌든 우리나라 최초의 유료도로를 우리 손으로 만들었다는 거에는 자부심이 있어요.

처음 유료도로를 만들었을 때의 경험이나 노하우가 나중에 다른 유료도로를 만들 때 참조가 많이 됐나요?

그거는 뭐 상대가 되질 않죠. 나중에 만든 것들과 비교해서는 말이에요. 그때만 해도 유료도로와 관련된 무슨 자료나 사진 같은 것도 못 찾을 때였어요. 그냥 머릿속에 그려서 설계한 거죠. 잘 해봐야 일본의 유료도로나 고속도로 톨게이트를 보고 그리는 정도였어요. 그리고 일본 출장도 가지 못했어요. 요새는 밖으로 잘 나가지만 그때는 어림도 없었거든요. 그래서 일본 갔다 온 사람들 얘기를 듣고 만드는 거죠. 창작이었어요. 그 시기엔 그랬어요.

어쨌든 톨게이트 만드는 것은 부차적인 문제였고, 제일 큰 문제는 한강 홍수였어요. 제방으로 막고 있는 형태였죠. 지금의 노량진 수산시장이 있는 곳으로 해서 막고 있죠. 그러니까 그게 터지면 어떡하느냐가 문제였어요. 그래서 돌관사업突貫事業으로 했어요. 북악 스카이웨이도 돌관사업 개념이었고요. 뭐 밤새도록 하는 거였죠. 횃불 켜 놓고 하는 거예요.

공사하는 동안에는 집에 못 들어가고 계속 현장에 계셨겠네요.

그럼요. 같이 밤새고 그랬어요. 다반사였어요.

이때 결혼은 하셨나요?

그때는 미혼이었어요. 김현옥 시장이 있을 때죠. 그런데 그분이 준공표지판을 만들면서 도로명을 뭐로 할까를 고민했어요. 그러다가 강변1로로 하자고 했어요. 휘호를 김 시장이 직접 썼어요. 그때만 해도 다들 한문으로 썼거든요. 그런데 한문으로 안 쓰고 우리말로 '강변일로'라고 썼어요. '일'자도 숫자가 아니라 한글로 썼어요. 그래서 왜 그렇게 썼냐고 물어보니까 '하나'라는 그런 개념이 아니라 '일로매진一路邁進'의 개념으로 썼다고 해요. '오로지 한 길로 하자.'라는 뜻으로 '강변일로'라고 명칭을 붙인 거죠. 숫자 개념의 '1'이 아니라 우리 말 '일'이라는 거예요. 그런데 그 비석이 나중에 도로가 확장되면서 없어졌어요.

그 비석이 지금은 어디에 있는지 아시나요?

공사하면서 없애지는 않고 그 밑에 묻지 않았을까 생각해요. 마지막으로 본 것이 한강대교 남단 하류의 녹지였어요. 비석 뒤에는 시공자랑 감독자 이름이 있고, 제 이름까지 다 들어가 있거든요. 안 남아 있어서 조금 아쉽기는 해요.

도로 이름에 김현옥 시장의 아이디어가 들어가 있었네요.

그렇죠. 김 시장은 자기 나름의 아이디어를 구상하고 의욕적으로 멋있게 해보려고 했던 사업가 같았어요. 그 구간뿐만이 아니고 하류는 김포공항 방면으로 연장이 되고, 상류는 다른 한강변 도로들까지 구상했던 것 같아요. 그때는 시장이 현장 순시를 자주 했어요. 정책사업, 그러니까 시장이 관심을 두는 사업은 툭하면 와서 살펴요. 공정도 관리하고, 확인도 하고, 격려도 해 주고요.

1967년 개통 당시 세워진 강변일로 표지판과 비석

격려는 어떻게 했나요? 단순히 등만 두들겨 주지는 않았을 거 같은데요.

그렇죠. 시장이 돈을 줘요. 물론 봉투는 비서가 가지고 있죠. 현장에서 감독들 보고 "너희들, 수고했으니까 저녁 먹어."라고 하면서 돈을 주는데 제법 많았어요. 현장에 감독이 2~3명 정도 되는데, 한 50만 원, 또는 100만 원, 그런 정도의 금액일 거예요. 그걸 주면서 격려하고 그랬어요. 판공비 가지고 해결이 안 되는 경우가 많았거든요. 그래서 비서진이 그거 조달하느라고 상당히 애를 먹었던 거 같아요. 심하면 비서진들이 "야, 요전번에 너는 받았으니까 이번에 받은 건 다시 회수해 간다."하고 다시 봉투를 가져가는 일도 있었어요. 물론 그렇다고 해서 섭섭하다거나 그런 생각은 안 했어요. 하나의 에피소드로 느꼈죠.

그리고 그때는 모든 사업에 안보 개념이 꼭 반영됐어요. 의도적으로도 그렇고, 공식적으로도 그렇고요. 모든 계획을 세우면서 항상 밑에는 안보가 깔렸어요. 당시 수도권 관리정책은 인구집중을 억제하는 정책이었지만 안보라는 것도 밑에 깔려있었어요. 위기상황이 발생하면 어떻게 대처할 것이냐가 관심인 거죠. 강북의 시민들을 어떻게 남하시킬 거냐는 문제가 바탕에 깔렸던 거죠.

도심의 도로 확장도 그때 많이 이루어져요. 옛날에 있던 조그만 길들을 확장하는데, 그때 같이 했던 것이 보도에 높은 화단을 조성하는 거였어요. 1m 50cm 또는 1m쯤 되는 높이로요. 거기 위에 뭘 심기도 했는데, 나중에 군인들 엄폐물로 쓰려는 의도도 있었다고 해요.

군대처럼 엄폐물을 만들어 놨네요.

네, 그렇죠. 엄폐물이었죠. 당시에는 '녹지사업'이라고 했어요. 일종의 은어 같은 거죠. 그런 걸 계획했어요. 도로변에 그런 것들이 많이 있었어요. 요새는 거의 없어요. 시청 주변에도 그런 게 있었어요. 보도가 넓으니까 거기에 탱크나 장갑차들을 은폐시키면서 공격할 수 있는 시설들을 만들어 둔 거죠. 보도에 탱크가 들어갈 수 있는 크기로 깊이 파서 공간을 만들어 놓았죠. 위에는 철판을 깔았어요. 그 위에 탱크가 올라갈 수 있게 말이요. 탱크가 중량물이잖아요. 철판 위에 올라타면 바로 내려앉을 수 있게 하는 거예요. 그러면 자연은폐가 되죠. 그런 시설이 여러 군데 있었어요. 시민들은 잘 모를 거예요.

군에서는 잘 알고 있는 거였죠?

당연하죠. 비상계획관실에서 녹지사업을 담당했거든요. 거기에서 그런 계획들을 다 마련했던 거죠.

시민들이 보기에는 화단을 조성하는 녹지사업이었는데, 그 안에는 안보 개념이 들어가 있던 거네요.

그렇죠. 시가전을 하려면 엄폐물이 있어야 하잖아요. 그런 것들이 다 계획에 들어가 있던 거죠.

한남대교 건설과 신공법의 도입

북악스카이웨이랑 강변일로 건설이 끝난 다음에는 어떤 일을 맡으셨나요?

그다음에는 교량계로 갔죠. 토목과 안에 교량계가 있어요. 교량계는 구조물을 다뤄요. 가서 제일 먼저 한 일은 제3한강교를 만드는 일이었어요. 지금은 한남대교라고 하죠. 해방 전에는 한강대교랑 한강철교 그리고 천호동에 있는 광진교밖에 없었어요. 나중에 제2한강교인 양화대교를 만들죠. 그때만 해도 돈이 없어서 사업비를 집중적으로 투자하지 못했어요. 연차사업으로 만들었죠. 김포공항으로 연결되는 개념의 도로라서 제2한강교라고 했거든요. 당시 한강교량은 전국적인 큰 사업이었어요. 그다음에 만든 게 강남 쪽으로 연결할 수 있는 제3한강교였죠.

그때 제3한강교는 새로운 공법으로 해보자고 했어요. 디비닥dywidag 공법[07]으로 설계했어요. 강선을 이용하는 공법이에요. 원효대교랑 비슷한 공법인데 FCM 공법[08]이라고 해요. 교각을 놓을 때 다리 양쪽을 공중에서 강선으로 잡아당기면서 다리 상판을 연결하는 공법이에요. 그걸 하려면 교량을 아치형 비슷하게 만들어야 해요. 직선으로 그냥 판을 까는 게 아니고 곡면을 유지하면서 일체가 되어야 해요. 미관상으로도, 기술적으로도 진일보한 설계였어요.

일단 강북 쪽은 강물이 흐르는 구간이니까 그런 설계로 했어요. 그런데 강남 쪽은 모래사장이라서 그 설계로 해도 경제적으로 별

---

07 디비닥(dywidag) 공법은 콘크리트 받침대 없이 두 교각에서 콘크리트를 쳐나가다 만나는 지점에서 슬라브 핀을 연결하는 방법이다. 일반 콘크리트보다 강도가 8배는 강해야 하며, 슬라브 무게에 대한 정밀한 계산이 필요하다.

08 FCM(Free Cantilevering Method) 공법은 교량의 상부구조를 포스트텐셔닝(post-tensioning) 방식에 의해 교각으로부터 양쪽으로 3~5m씩 현장 타설 세그먼트(segment)를 점진적으로 시공해가는 방식이다.

건설 중인 제3한강교(1966년)

로 의미가 없었거든요. 그래서 일반적인 교량 모양으로 쭉 하고 있었어요. 일단 착공이 어려운 구간 말고 쉬운 구간부터 했죠. 그런데 공사 중에 예산 문제로 중단되어 버렸어요. 기초만 몇 군데 해 놓은 상태에 사업이 중단된 거죠. 예산 문제도 있었고, 다리 자체에 대한 절실성도 좀 없었어요. 그때만 해도 한강 남쪽, 지금의 강남 쪽은 허허벌판이었잖아요. 지금 거기다 다리를 놔봐야 뭐 할 거냐는 얘기가 당연히 나왔어요.

지금 강남을 생각하면 완전히 아이러니하네요.

물론 당시에는 도시계획 차원에서 강남개발계획에 대한 구상이 오래전부터 있었어요. 제3한강교도 그 일환이었죠. 그런데 그렇게 사업이 중단된 상태에서 경부고속도로가 본격화되니까 얘기가 달라졌어요. 고속도로랑 서울 도로랑 어디로 연결할 것인지 말이죠. 그 노선을 딴 데 연결하기가 마땅치 않았어요. 한강대교, 광진교, 제2한강교 중에 연결할 만한 다리가 없었어요. 그러니까 제3한강교랑 연결하기로 한 거죠. 그때 삼일고가랑 여의도개발을 동시에 하고 있었는데, 3개 사업을 한꺼번에 하니까 예산이 문제였어요. 공기工期도 문제였고요. 제일 중요한 것은 자재를 어떤 걸로 할 것인지였죠.

당시 서울시의 사업은 돌관사업으로 이뤄졌어요. 주야로 철야 작업을 한 거죠. 그때 제3한강교를 만들면서 위의 상판 공사비가 제일 많이 들어갔어요. 다행히 마침 대일청구권 자금이 자재로 들어와요. 그걸로 삼일고가랑 제3한강교 그리고 마포대교의 상판 자재랑 강재鋼材를 도입했죠.

청구권 자금은 다시 일본 기업의 물건을 사는 형식으로 알고 있는데요. 그때는 어땠나요?

그럴 거예요. 그냥 현물로 들어오는 것이 아니고 청구권 자금으로 다시 일본 업체가 만든 자재를 사는 형태로 알고 있어요. 그 돈으로 강재를 구입하는 거죠. 그때만 해도 우리나라에서는 구조용 강재 같은 건 생산을 못 했거든요. H빔도 못 만들었어요.

그런데 원래 강판 연결은 리벳으로 해요. 철판이 있으면 양쪽에 철판을 덧대고 구멍을 뚫어서 리벳으로 연결하죠. 다리를 보면 볼

록볼록 올라온 거 보이죠? 그런 거예요. 아주 기초적이면서 원론적인 방법이죠. 그런데 이번에는 철판에 구멍을 뚫어서 볼트로 연결하자고 그랬어요. 현장에서 못 같은 걸 달궈서 구멍에 딱 끼워서 만드는 거죠. 그전에는 그걸 못했어요. 볼트는 구조상 연결하는데 신뢰성이 없었거든요. 나사에 홈도 있고, 여러 가지 문제가 있어서 리벳 구조 개념에서는 적합하지 않았어요.

그런데 볼트는 조이는 맛이 있어요. 그래서 하이텐션볼트high tension bolt[09] 연결 방법을 쓰죠. 높은 텐션의 강도를 지탱할 수 있는 볼트를 쓰는 거예요. 볼트에 철판을 대고 받쳐서 조이면 연결 철판이 본 철판에 꽉 붙잖아요. 그러면 마찰이 생겨요. 그 마찰하는 힘으로 연결하는 접합공법이에요.

처음 도입된 건 삼일고가도로였어요. 마포대교도 그걸로 했어요. 그런데 제가 맡은 제3한강교는 자신이 없었어요. 제가 자신을 못 가지겠더라고요. 우선 경험이 없으니까요. 리벳은 한 번 하면 약해져서 자르기 전까지는 그대로 유지가 되는데, 이건 풀어지거든요. 1개라도 풀어지면 약해지니까요. 요새는 다리마다 점검 통로 같은 게 있잖아요. 그때는 그런 것도 없었어요. 그러니까 어떻게 돌아가는지 확인도 못 해요. 그래서 저는 처음에는 그걸 안 쓰고 고전적인 방식으로 하겠다고 했어요.

---

09 하이텐션볼트(high tension bolt)는 강한 압력이 생기도록 조여서 사용하는 볼트 공법를 말한다. 인장강도가 높아 접합부에 높은 강성(鋼性)과 강도를 얻을 수 있다.

기로에 섰겠네요. 신공법을 쓰면 더 튼튼하고 시간도 단축되지만, 거의 최초로 도입하는 기술이니까 망설였겠네요. 그래서 둘 중 어떤 것을 썼나요?

제3한강교는 한강 위에 높은 위치에 있는 다리지만, 그때는 안전점검통로도 없던 때잖아요. 결국에는 과거부터 안전하다고 인정된 리벳으로 했어요.

한남대교 완공이 1969년 12월이었는데요. 그럼 한겨울에도 공사를 했다는 건가요?

맞아요. 한겨울인데도 콘크리트 작업을 한 기억이 나요. 준공이 크리스마스 시즌이었어요. 그때만 해도 겨울에 한중콘크리트cold water concrete를 치는 게 금지되어 있었어요. 그래도 해야 하니까 보온시설을 완전히 하고 했지요. 일단 콘크리트 시방서에 특수한 경우 한중콘크리트를 칠 수 있게 되어 있었어요. 그것에 근거해서 공사를 했어요. 콘크리트 물 온도를 높이고, 보온재로 둘러쌓고, 열풍기로 열을 올리고, 연탄 때고, 난리를 치면서 했어요. 그때 공사하면서 떨어진 콘크리트가 다 얼어붙은 걸 현장에서 확인한 기억이 있어요. 그렇게 하면서 겨우내 공사해서 그해에 개통했어요.

그때부터 그런 생각이 들더라고요. 이전의 한강다리는 너무 밋밋다고 말이에요. 그냥 직선으로 놓고, 완전히 기능 위주의 교량이었거든요. 선배들도 다들 그렇게 말했어요. 그때부터 교량의 미관에 관한 관심을 가지게 된 거 같아요. 책도 많이 사서 보고 그랬어요. 다른 나라의 다리는 어떻게 되어 있는지, 책방을 뒤졌죠. 한강

오늘날의 한남대교(제3한강교)

교량도 그렇지만 다른 구조물도 마찬가지였죠. 기능 위주만 생각하지 말고 도시 미관이랑 기술이 접목된 것들로 발전을 시키자는 생각이 그때서부터 굳어지기 시작했죠.

반포대교와 잠수교 건설에 얽힌 비화

제3한강교에 다음에는 어떤 사업을 담당하셨나요?

반포대교를 만드는 일을 담당했지요. 그걸 말하기 위해서는 그 밑에 있는 잠수교를 먼저 말해야 해요. 6·25전쟁 때 평양의 대동강 다리를 우리가 폭격해서 끊어 놨어요. 이쪽에서 제공권을 가지고 있으니까요. 그런데 낮에는 다리도 없고, 분명히 아무것도 없는데, 밤중에는 차량이 도강을 하더래요. 낮에 정찰해보면 아무것도 없는데 말이죠. 그게 소위 수중교水中橋예요. 그러니까 수면 바로 밑에 교면이 있는 거죠. 낮에는 노출이 안 되지만 물을 조금 뺀다든지, 또 수면을 교면에 맞게 일정하게 유지한다던지, 그러면 그 위로 차량이나 보병 이동이 가능한 그런 교량이라고 해요. 그러니까 우리도 그런 걸 만들어야겠다는 거였죠.

그런데 그런 교량은 물속에 있는 거잖아요. 공격 수단은 공중에서 비행기로 하는 수밖엔 없어요. 그러니까 위에 노출된 일반 교량보다 공격받는 면적이 적으니까 유리하죠. 설령 파손되더라도 높이 달린 교량보다는 낮게 있는 교량이 복구가 쉽고요. 거기에 착안해서 잠수교를 만들자고 했던 거예요. 그게 잠수교의 시작이었어요.

처음에는 개념이 잘 들어오지 않았을 것 같네요.

기술자의 머릿속에 홍수가 나면 물속으로 들어가는 교량이라는 건 세상에 없어요. 그건 쓸려 내려가는 거죠. 고정관념이에요. (교량이) 물속에 들어가는 건 그 자체가 성립이 안 돼요. 이용할 수가 없어요. 그런 고정관념이 있는 상태에 다리를 만들라고 지시가 온 거죠. 북한에 그런 다리가 있는지, 없는지, 관계없이 만들라는 거였죠.

어떻게 만들 건지 그때부터 머리를 짜내야 했어요. 가본 곳도 없잖아요. 그래도 해보자고 했죠. 일단 중요한 것이 매시브massive해

반포대교와 잠수교

야 되고 커야 한다는 거였어요. 떠내려가지 말아야 하는 거죠. 그리고 유속에 저항할 수 있는 구조물이어야 해요. 떠내려가는 것만 문제가 아니고 교량 구조물이 물속에 들어가면 부력이 생기거든요. 부력에도 견딜 수 있어야 해요. 그리고 평소 노출된 상태라면 배가 상하류로 운항하는 것도 고려해야 하거든요.

일단 만들라고 명령이 떨어졌으니까 어쨌든 만들어야 하겠네요.

그렇죠. 그러면서 (물에 잠기는) 상태로 남아 있게 할 건지도 생각해야 했어요. 나중에 2층으로 올릴 수 있는 구조로 만들어야겠다고 했죠. 밑에 구조계산을 할 때 위에 올릴 걸 가정해서 했어요. 나중에 다리발도 그 위치에서 올리기만 하면 되는 그런 모양으로 계획해서 만들었죠. 그것도 상당히 단시간 내에 만들었어요. 원래 교량 공사는 기초 공사에서 시간을 가장 많이 필요로 해요. 땅속으로 상당히 깊게 내려가면서 해야 하거든요. 그래서 제일 시간이 오래 걸리고, 한꺼번에 하기도 어렵고요. 그런데 이건 시한이 있잖아요. 정말 놀랄 정도로 빨리했어요.

그리고 다리 길이는 평상시 물이 흐르는 폭만 교량 구조고 나머지는 모래밭이에요. 그러니까 고수부지 쪽에는 콘크리트 포장으로 되어 있어요. 공사에 들어가는 콘크리트가 많았어요. 전에는 하부 공사를 하려면 크레인이 주 장비가 돼요. 2~3대 정도 들어갔죠. 그런데 잠수교는 도저히 그것 가지고 안 되겠더라고요. 크레인을 수십 대를 동원했죠. 벽산건설에서 했던 거 같아요. 공사 계약을 하면서 이거는 빨리해야 하는 사업이니까 장비를 많이 써야 한다고 조건을 붙였죠. 뭐 그냥 강바닥에 크레인을 깔면서 공사를 했어요. 외국 사람이 보면 미친 놈이 공사 관리를 한다고 그랬을 거예요. 그렇게 해서 완성을 했어요.

그런데 거의 다 된 상태에 비가 많이 왔어요. 한강의 수문 조정은 팔당에서 하잖아요. 거기서 물이 내려오니까 우리는 현장에서 밤낮으로 상태를 보고 그랬어요. 그러니까 구자춘 시장이 쫓아 나와요. 잠수교 다리를 보더니 "안 떠내려가냐?"라고 물어보더라고요. 우리는 뭐 "하하, 괜찮습니다."라고 했죠. 그러니까 구 시장이 강북 쪽에서 내려다보더니 "보이지 않는데?"라고 그래요. 잠수교니까 물에 잠기면 안 보이죠. 그러면서 구 시장이 장난기가 좀 있었나 봐요. 저한테 "계장, 너 한 번 들어가 봐."라고 그러더라고요. 뭐 안 들어갈 수 없잖아요. "알겠습니다."라고 말하고서는 내려갔죠. 아마 물이 허리 위까지 갔을 거예요. 그랬더니 "알았다. 이제 올라와라."라고 해서 다시 올라오고, 괜찮다고 웃으면서 그랬죠.

구자춘 시장도 잠수교는 처음 본 거네요.

어쨌든 여러 가지 조건을 맞춰야 했어요. 수위도 유지해야 하고, 한강의 물 관리도 해야 하고, 교량의 목적에 맞게 되는지 봐야 하고요. 위치랑 높이를 결정하는 걸로 참 애를 먹고 그랬죠. 그걸 조절할 수 있는 것이 팔당댐이니까 댐 관리 문제도 있었고요. 물을 너무 안 보내도 문제고, 비가 좀 왔다고 수문을 확 열어버리면 넘치잖아요. 그것도 문제였죠. 접점을 찾는 데에 애를 많이 먹었어요. 지금은 아마 7m면 통제하고 그럴 거예요. 통제 수위가 있죠?

일단 조금 여유가 있을 때까지는 차가 다닐 수 있게 하고, 그 이상이 되면 차단하는 매뉴얼도 만들었어요. 그리고 물이 바닥에 흐르는 곳 경계까지 왔을 때 접촉면 형태에 따라서 와류渦流가 생겨요. 그런 것까지 의식을 해서 설계를 했어요. 부력 문제도 그렇고요. 비가 오고 홍수가 나잖아요. 평소에는 사람이 다니니까 난간이 있는데, 홍수 때 거기에 걸리는 부유물도 있고 난간 자체가 유속에 미치는 영향도 생각해야 해요. 그래서 그게 심할 것 같은 구간의 난간은 접히도록 설계했어요.

잠수교(1978년)

평소에 준설 배들이 다니는 건 또 어떻게 할 건지 생각해야 해요. 교각과 교각 사이, 스판span이라고 해요. 보통 반포대교는 30m가 한 스판이에요. 그게 반 토막인 15m를 들어 올리는 걸로 했어요. 양쪽에서 들면 한 판을 들어 올리는 거죠. 원래는 들어 올리는 시설을 만들려고 했는데 번거롭다고 그래서 급하면 크레인이 와서 올리는 방식으로 했어요.

그리고 홍수가 나면 물이 제방까지 올라오잖아요. 원래는 수문으로 막겠지만 전쟁이 나면 그렇게 못해요. 그래서 진입도로, 램프ramp라고 해요. 거기로 올라오는 길에는 터널 같은 걸 만들어 놔요. 홍수로 물이 올라와도 넘치지 않는 수준까지는 그걸로 막는 거죠.

반포대교 만들 때도 많은 일화가 있었군요.

그거 말고도 여울목교라고 있어요. 전쟁 때 써먹으려고 만든 거였는데 지금은 없어졌어요.

지명에서 종종 등장하는 걸로 기억해요.

원래 한강에는 모래가 쌓여있는 상태였어요. 물줄기도 구불구불 흘렀잖아요. 그래서 가물면 폭이 좁은 곳도 있어요. 그럴 때 바로 도강할 수 있게 만든 거예요. 예전에는 백사장으로 와서 폭이 좁은 데에서 수영해서 건너갔죠. 그런데 전쟁 나서 교량이 깨지면 꼼짝을 못하잖아요. 그걸 해결하는 방법은 일단 백사장으로 내려오는 거예요. 내려와서 조금만 정리해 주면 차량도 다 내려올 수 있어요. 거기 좁은 데 물 흐르는 여울목, 거기를 건너는 거죠. 거기에 말뚝을 미리 박아 놓는 거예요. 강재로 된 말뚝을 몇 군데 박아 놓고, 급하면 철판으로 만든 뚜껑을 덮어요. 복공판覆工板 같은 걸로 말이죠. 옆에 비축했다가 그걸 그냥 깔아버리고 넘어오면 되는 거죠. 그것도 녹지사업의 일종이었어요. 녹지사업 할 때 처음에 제가 그렇게 준비했어요.

좁은 구간에 말뚝만 박아 놓고 비상시에 판을 덮어서 한강을 건넌다는 아이디어네요. 매우 흥미롭고 재미있는 이야기네요.

제가 만들었으니까 잘 알죠. 복공판 설계도 다 제가 했어요. 그런데 평소에는 그런 판들이 필요 없잖아요. 어디에 보관해요. 그래서 수원지 같은 데에 창고를 일부러 만들어서 보관하고 그랬어요. 지금은 다 없어졌을 거예요.

말씀해주신 여울목교는 위치가 어디쯤인가요?

한남대교 쪽에 몇 군데 있어요.

한 곳이 아니었네요.

여러 곳에 있어요. 제방에서 내려오는 진입로도 있고, 그 앞에는 선착장도 다 되어 있어요. 한강물이 많이 불으면 여울목교도 이용할 수 없게 되죠. 그때는 배로 건너야 해요. 대책이 필요한 거예요. 일단 배나 뗏목은 별도로 준비된다고 보고, 우리는 배가 닿을 수 있는 선착장을 미리 준비했어요.

강의 양안 모래턱 고수부지에 적당한 곳을 찾아서 모래바닥을 콘크리트로 깔고 차량이 들어오고 물자를 쌓을 수 있게 했죠. 수심도 유지되고 배도 접안할 수 있게 하고요. 물론 선착장으로 내려올 수 있도록 제방에 진입도로도 준비하고요. 이렇게 해서 잠수교 주변에서 이태원 지역으로 도강이 가능하도록 준비를 한 거죠. 그렇게 건너면 이태원으로 가고 남산터널로 가죠.

청와대에서 바로 강남으로 갈 수 있는 남산3호터널을 만들다

그러면 남산2호터널이랑 남산3호터널이랑 갈라지게 됩니다.

강남 반포에서 잠수교를 건너오면 언덕 너머 이태원에 워커 장군 동상이 있었죠. 거기가 이태원로로 연결되지요. 잠수교가 안보 개념에서 만들었잖아요. 남산3호터널도 그런 개념으로 도심이랑 연결하려고 했어요. 구자춘 시장은 너무나 잘 알았던 거죠. 위에서 협의도 있었을 거예요. 그 도면을 제가 그렸거든요. 어쨌든 도심으로 연결하는 방법이 뭐가 있냐 하면 양동陽洞 쪽으로 돌아서 서울역 쪽으로 가는 방법이 있어요. 개발을 그쪽으로 유도하는 방법이었는데 거기 주변은 혼잡 문제가 있었어요.

그래서 세종로 쪽으로 연결하는 게 낫겠다고 결론이 났어요. 신세계백화점에서 소공동으로 연결하는 구간으로 계획을 올렸어요. 그때는 용역 설계 회사에 자문도 받을 수 있었어요. 자문을 받을 때도 직설적으로 말했어요. 어떻게 보완할지 검토해 달라고 말이죠. 5,000:1 지적도에다가 그렸어요. 과장이 시장한테 직접 가져갔어요. 구 시장이 보고 "그래? 구체적으로 다시 잘 그려와 봐."라고 했어요.

남산3호터널(1978년)

그때는 대통령이 시장을 직접 임명했는데요. 아무래도 시장이 대통령과 가깝다고 할 수 있겠죠? 시장이 대통령에게 가서 승인을 받았을 것 같은데요.

김현옥 시장이나 구자춘 시장 같은 경우에는 좋은 프로젝트나 아이디어 있으면 그때그때 청와대에 가서 직접 대면할 수 있었어요. 군 출신이기도 하고, 신뢰도 받고 있었죠. 바로 가져가서 얘기를 했어요. 박 대통령이 무릎을 '탁' 치면서 "야, 그거 좋은 아이디어

구자춘 시장(1978년)

다."라고 했대요. 긴급 사태가 났을 때 청와대에서 쭉 나와서 남산3호터널로 가면 바로 한강을 넘을 수 있었죠. 구체화하라는 지시가 떨어졌어요. 구체화하기 위해서는 노선도 정확히 맞춰주고 거기 필요한 보상도 해 줘야 하죠. 그래야 계획이 구체적으로 들어갈 수 있거든요.

한남대교를 건너서 남산을 지나 바로 청와대로 갈 수 있는 코스네요.

그렇죠. 그런데 거기는 혼잡하면 안 돼요. 그때 남산1호터널이 4차선이었는데도 막히고 그랬거든요. 이것도 똑같이 만들어서는 안 되겠더라고요. 6차선 이상은 해야겠더라고요. 그런데 6차선으로 하려니까 터널 단면이 무지하게 커져요. 사업계획을 세울 때는 예산도 같이 올려요. 구자춘 시장이나 김현옥 시장 밑에서 경험한 사람들은 예산에 대해서 무척 신경을 썼어요. 시장들이 다들 그랬어요. "기술자 놈들이 (업체들하고) 짜고 괜히 쓸데없이 공사량을 넓힌다."라고 말이죠. 예산 낭비하지 말라는 거죠. 밤낮으로 욕먹었어요. 제일 가슴 아픈 거죠.

제대로 만들어야 하는데 예산이 문제네요.

맞아요. 어쨌든 남산2호터널에서 나와서 잠수교로 가는 길에 언더패스underpass가 있죠? 3호터널 입구 쪽에 있는 좁은 지하도로 말이죠. 아주 좁아요. 원래 터널은 좁아도 노견路肩이 있어야 해요. 갓길의 최소 폭으로 1차선으로 만들어도 있어야 해요. 건축 한계, 차량 한계, 다 규정이 있어요. 어느 정도 넓게 해 줘야 해요. 그런데 그렇게 계획을 짜서 가져가면 넓다고 야단을 맞아요. 반포대교를 통과해서 위에 올림픽대로로 연결 구간도 언더패스로 되어 있어요. 거기도 좁아요. 시장이 과장한테 지휘봉을 쑤시면서 쓸데없이 넓게 한다고 욕하던 때였어요. 그래서 그걸 줄이고 줄여서 시방示方 규정에 맞도록 한 거예요. 그래서 좁아요. 그게 한이에요. 너무 잘못된 거였어요. 질책을 받더라도 좀 더 제대로 해야 하는 거였는데 말이죠. 하여간 터널 단면에서 문제가 생겼어요. 돈이 더 들더라도 제대로 해야겠다고 생각했어요. 대신 6차선을 둘로 나눴어요. 3차선으로 2곳을 만든 거죠.

다른 터널의 경우를 참조한 건가요? 요즘 고속도로를 지나다 보면 같은 방향인데 두 곳으로 만든 터널도 꽤 있는데, 그때는 별로 없었을 것 같아요. 혹시 외국의 경우를 참조했나요?

제 머릿속에서 생각한 거였어요. 나중에 보니까 그런 독립 터널이 많이 있더라고요. 어쨌든 둘로 나눠서 쌍굴 터널로 하자고 했어요. 대신 비상사태가 나서 한쪽 터널의 앞뒤가 막힐 수 있으니까 앞에 횡터널을 뚫기로 하고요. 그런 아이디어를 머릿속에 그려서 제시했었죠. 그리고 그게 승인을 받아서 만들어진 거예요. 그렇게 남산 3호터널이 잠수교랑 이어지는 보안시설의 연결통로로서 기능을 갖도록 계획된 거였어요.

성산대교 건설과 새로운 디자인

제3한강교 다음에도 교량을 맡으셨나요?

잠수교가 끝나자마자 바로 천호대교 공사가 있었고, 광진교를 보강·보수하는 작업을 했어요. 그다음에는 성산대교를 맡았어요. 그 전까지 교량은 천편일률적인 밋밋한 구조로 했는데, 이번에는 변화를 줬어요. 아치형으로요. 그때 자문해준 사람이 서울대 미대에 있던 김교만 교수였던 걸로 기억해요. 반달형 형태로 제시가 됐어

성산대교

요. 중요한 건 다리발을 얼마나 세워야 하는지였어요. 밑에 지반 상태에 따라 다르거든요. 거기에 드는 돈이 교량 공사비의 절반이 들어가요. 상당히 크죠. 그래서 그 부분을 어떻게 경제적으로 하느냐가 중요해요. 교량을 촘촘히, 쉽게 얘기해서 30m씩 박고 위에 깔면 제일 싸게 먹히면서 기능도 안전하죠. 그렇게 안 하고 다르게 한다는 건 교량 미관을 생각한다는 거예요.

부산 해운대의 광안대교나 샌프란시스코의 금문교 같은 것들은 교각 사이가 넓어요. 거기는 구조적으로 중간에 다리발을 더 세울 수가 없거든요. 그런 걸 해결하려고 만든 게 현수교에요. 교량의 길이가 길면 그 형태로 해야 해요. 그런데 한강에 현수교를 놓는다면 그건 조건이 아니고 미관 때문에 하는 거죠. 조형미를 보는 거죠.

한강에서는 그러네요.

그때 시장실에서 저를 부르더니 반달형을 제시하더라고요. 김 교수가 제시한 걸 검토해 보래요. 일단 보기에 가능한 구조같았어요. 알겠다고 했죠. 그렇게 시작했어요. 반달을 우리나라에서는 많이들 좋아해요. 달 같은 거 좋아하잖아요. 어쨌든 반달로 하면 구조가 성립하는지 판단을 해야 해요. 반달 모양 자체가 교량 상판에 주요 구조가 되는 게 가능한지 봐야 해요. 일단 반달모양 난간 자체가 보행자나 차량 시야를 차단하는 건 괜찮아요. 그걸 감안하고 건설업체 쪽에 용역을 줬어요. 용역을 주고 설계를 하니까 반달을 양쪽에 설치해 놓고 거기에 상판을 까는 걸로 하기로 했어요. 그리고 홍수 때 침수되는 것도 생각했죠. 설계하는 사람들 입장에서 볼 때 그런 반달형은 계산하기가 쉽지 않았을 거예요. 단면 변화도 그렇고, 단부斷部에는 전단剪斷이 안 생기고, 고정으로 묶는 것도 아니고 심지 개념으로 되어 있어요. 구조 계산이 어려웠어요. 나중에는 아예 계산할 수 없을 정도라고 그러더라고요.

결국에는 교량 교각면 위에는 트러스truss로 연결을 했어요. 반달을 구조로서가 아니고 정말 장식으로 했어요. 모양만 반달인 거죠. 제가 볼 때는 그냥 쉽게 가자고 해서 그렇게 한 것 같아요. 요즘 야경 사진을 찍으면 좀 괜찮게 보이긴 해요. 하지만 낮에 가서 보면 빈약하기 짝이 없죠. 어쨌든 중요한 거는 그 시절부터 변화를 주기 위한 시도들이 있었다는 거예요. 나름 상당한 의미를 부여할 수 있죠.

당산철교와 절두산성당

다른 교량은 없었나요?

당산철교가 있어요. 그런데 당산철교 가는 쪽에 절두산성당이 있어요. 성당에서는 예배봐야 하는데 철교가 옆에 있으니까 지하철 때문에 소음 문제가 생기잖아요. 그래서 철교가 성당을 통과하는 구간은 교량에 고무패드를 집어넣었어요. 소음이 발생할 소지를 최대한 줄이고 주변에 방음이 되게 한 거죠. 지하철을 건설할 때도 비슷한 게 있었어요. 1호선 건설할 때 구간이 숭례문 옆에 있었어요. 문화재니까 진동이 문제가 돼요. 소음을 잡아야 하는 거죠. 그래서 소음 진원지도 차단하고 완화했던 경험이 있었어요.

당산철교 건설 모습(1983년)

그 성당이 강변북로 넘어서 한강 쪽에 있는 걸로 알고 있는데요. 그곳 사람들이 문제를 제기하지 않았나요? 교통도 불편하고 소음도 심할 테니까요.

그렇죠. 소음도 문제지만 강변도로 때문에 접근하기가 어려웠어요. 성당 쪽에서는 그게 항상 불만이었요. 해결해달라고 요청을 천주교 쪽에서 항상 했어요. 그래서 보니까 일단 당인리 앞에 교량이 있어요. 옛날에 당인리발전소로 넘어가는 다리예요. 또 조금 지나면 인터체인지가 있죠? 양화대교 인터체인지예요. 거기서 신촌으로 가는 진입로도 있고, 연결이 복잡해요.

그래서 일단 지도를 놓고 봤어요. 한강 쪽의 교량으로 돌아서 가

당산철교 너머에 보이는 절두산성당(절두산 순교성지)

는 방법이 있고, 제방도로 지하로 내려가는 방법이 있더라고요. 그림을 그려보니까 당인교부터 양화대교 인터체인지 부근까지는 지하로 가는 게 가능할 것 같더라고요. 그래서 일단은 지하화하자고 자문했어요. 두 군데였는데 화끈하게 다 지하로 내린 거죠. 그래서 강변북로의 소음도 해결됐고, 접근성도 해결됐어요.

그런데 아쉬운 것은 터널 위의 공간 활용이었어요. 성당 바로 북쪽에 있는 외국인 순교자 묘역까지 포함해서 그 주변을 종교특구 공원으로 조성했으면 좋겠다고 생각했거든요. 결국 거기에 대한 자문이 이뤄지지 못한 점은 좀 아쉬워요.

도로에 관한 뒷이야기는 처음 들어보는 것 같아요.

그렇죠. 아는 사람들이 별로 없죠. 예전에 일제강점기 때 졸업하고 현장에 투입된 교수님들, 그러니까 제 스승님 연배되시는 분들은 지방에 개천 넘는 교량 하나만 맡아서 완성해도 평생에 잊지 못하는 실적이라고 했거든요. 그리고 우리 세대에서는 한강다리 하나만 관계해도 기술자로서 무지무지한 행운이자 경험이라고 했어요. 그러니 저는 무지무지한 행운아죠.

천호대교와 올림픽대교에 도입된 새로운 건설 방식

한강다리 대부분에 관여하신 거 같은데, 다른 다리는 없었나요?

천호대교도 직접 했어요. 그때 익스펜션 조인트expansion joint[10]를 시공하는 데 아주 많이 노력했어요. 다리를 건너다보면 덜커덕거리는 이음 장치가 있어요. 그게 시공할 때 아주 힘들어요. 깨지면 덜컹거려서 부실공사라는 말을 들어요. 제대로 하려고 무지하게 애를 먹었죠. 덕분에 익스펜션 조인트에 대해서는 한 번도 문제가 없었어요.

---

10 익스펜션 조인트는 구조물·기계의 연결 부분에서 열에 의한 팽창·수축으로 인한 본체의 손상을 막기 위하여 재료 사이에 여유를 두는 공법이다.

천호대교와 광진교

교량계장을 5년 정도 하셨는데 정말 많이 관여하셨네요.

그렇죠. 그리고 올림픽대로 반포에서 여의도 부근까지 한강을 쫓아가는 구간도 교량 구조에요. 노량대교죠. 원래는 4차선이었는데 8차선으로 확장했어요. 교량 연장은 제법 길어요. 그리고 올림픽 때 올림픽공원 쪽에 다리 하나를 놨어요. 올림픽대교, 사장교斜張橋에요. 그때 에피소드가 또 있어요. 제가 한강개발부장 할 때였거든요. 그때 올림픽 회차가 24회였잖아요. 그래서 높이가 얼마고, 사장교 줄이 얼만큼인지, 숫자에 일치되게 맞췄어요. 24회니까 줄이 24개고, 높이는 88m로 말이죠. 올림필대교는 제가 직접 하지는 않았고 교량 담당이 따로 있었어요.

올림픽대교

그것도 미관을 고려한 공법이었나요?

네, 맞아요. 원래 사장교는 지형 조건 때문에 놓는 거예요. 한강은 사장교를 짓는 지형 조건이 아니에요. 사장교는 기둥을 먼저 세우고 그 기둥에서부터 줄을 하나씩 내려요. 거기서 교량을 공중에 매달고 나가면서 만드는 거예요. 사장교 공법이에요. 밑이 바다일 때, 깊은 낭떠러지일 때, 그럴 때 하는 거예요. 밑에서부터 교각을 받쳐가면서 만들 수가 없을 때 만드는 것이 사장교죠. 그런데 한강은 밑이 모랫바닥이에요. 오히려 기둥 받쳐서 하는 게 쉽고 빠르죠. 공사도 그렇게 밑에서 받쳐가면서 했어요. 사장교 특징이랑 관계없는 공법으로 만든 거죠. 미관 때문에 그렇게 한 거죠. 그랬더니 외국에서 공부해 온 친구 하나가 저건 사기라고 그랬어요. 사장교를 밑에서부터 만드는 사람들이 어디 있냐고 말이죠. 그게 무슨 사장교냐고 그랬어요. 아주 옥신각신한 적이 있어요.

서강대교와 밤섬 생태계 보전 노력

서강대교 공사를 하면서 밤섬 생태계 보전에 관해서도 계획을 세우신 걸로 알고 있는데요. 당시 환경단체들이 밤섬 생태 보존을 위해서 교각을 세우는 것에 반대 의견을 냈다고 알고 있습니다. 그에 대해서 말씀 부탁드립니다.

옛날에 제가 어렸을 때는 거기까지 수영하러 갔었어요. 밤섬 모래바닥에서 조개가 많아서 모시조개도 많이 잡았어요. 사람이 사는 섬이었었죠. 그런데 여의도 개발하면서 다 토사장이 되어 버렸어요. 여의도 개발에 들어가는 흙을 밤섬에서 가져다 썼잖아요. 몇몇 사는 사람들은 이주시키고, 거기 암석이나 암토사들 갖다가 여의도를 메꾼 거였죠.

엄청나게 큰 섬이었군요.

컸어요. 여의도를 다 메꾸고도 위에 일부가 남았어요. 그런데 여의도 개발하면서 사업계획을 건설부에 가서 승인을 받았어요. 하천관리청이 건설부니까요. 그때 건설부에서 강 안에 나무는 허용할 수 없다고 했어요. 홍수가 날 때 나무가 있으면 물흐름에 장애가 오거든요. 부유물이 걸려서 장애가 나면 홍수위 조절에 문제가 생길 수 있죠. 그러니까 그런 것들을 허용 안 해요. 하천관리 기준이에요.

한강개발에서 밤섬을 어떻게 해야 하는지가 문제가 돼요. 개념적으로 한강 수위는 2m 이상 유지를 해야 해요. 그러면 그만큼 물속으로 깎아내려야 하는 거죠. 원래 계획에도 그랬고 저도 그렇게 생각하고 있었죠. 한강치수를 관리하는 입장에서 이것들이 홍수량하고 관계가 되잖아요. 모형실험을 해서 세운 계획이었죠.

그런데 밤섬 옆으로 합정동에서 마포까지의 구간은 구부러져 들어가는 구간이 있어요. 당인리발전소가 있던 곳이에요. 밤섬이 거기에 있었거든요. 그러니까 그런 유로流路가 형성된 거였어요. 물길이 절두산 있는 쪽에서 휘어서 나오는 거죠.

밤섬을 하상정리해서 없어진다고 하고 계산을 해보니까 여유가 생기더라고요. 쏙 들어가 있으니까요. 수위모형 시험결과에서도 여유가 있다고 결론이 나오더라고요. 그래서 처음에는 섬이랑 육지 사이를 매립하고 강변도로를 그 앞까지 내자고 했어요. 계획까지 검토가 되었어요. 그런데 매립하려면 거기에 옹벽을 세우고 제방을 만들어야 해요. 그것도 만만치 않더라고요.

공사비나 시간도 많이 들어가겠는데요. 어떻게 해결했나요?

그래서 생각해낸 아이디어가 그냥 놔두자는 거였어요. 유속이 보

밤섬

니까 2m 정도였고 밤섬이 튀어나왔다고 해서 영향을 미치지 않았거든요. 개념을 바꿔서 이건 그냥 방치하는 게 아니고 자연생태섬으로 하는 거죠. 그게 아이디어에요. 수위계산도 해봤고요. 그렇게 그대로 놔두는 걸로 한 다음에 방침을 받아서 건설부와 합의를 했어요. 관계없다는 결론을 가지고 갔죠. 건설부에서도 반대할 이유가 없으니까 그냥 넘어갔어요.

오히려 우리가 주변을 정리했어요. 선형정리를 한거죠. 다시 팔 건 파고, 깎을 건 깎고, 다른 지역은 하상정리한다고 모래랑 자갈을 다 퍼내거든요. 사업 골재를 생산해서 팔기도 해요. 사업의 재원이었죠. 그런데 여기는 주변의 모래 같은 게 휩쓸리거나 영향을 미치지 않도록 일부러 갖다 놔서 주변정리를 했어요. 자갈 넣을 곳은 자갈 넣고, 백사장으로 유지할 곳은 어느 정도 유지하면서 선형을 맞춰서 말이에요. 손질을 다 해서 유지해놨죠.

밤섬이 폭파된 다음에 완전히 사라진 게 아니라 위에 일부는 약간 남았던 거군요.

몇몇 사람은 알지만 왜 저기에 밤섬이 남아 있느냐 하는 거는 몰라요. 생태계가 살아 있어요. 새, 파충류, 곤충, 그놈들은 홍수가 나면 수몰될 텐데 어떻게 사는지 모르겠어요. 분명히 며칠 동안은 잠길 텐데 말이죠. 생태계는 참 불가사의한 거 같아요. 어쨌든 교량을 세울 때 필요한 기초로서 충분했어요.

경관도 괜찮아요. 서강대교 구조가 닐센아치nielsen arch[11]라서 보기도 예뻐요. 국회의사당하고 균형도 맞을 거라고도 했어요. 구조는 현상공모를 해서 닐센아치로 했어요. 대신 조건을 붙였어요. 교량 구조는 닐센아치로 하되 소음대책을 세우라고 했죠. 꼭 세워야 한다고 했어요. 그래서 만들 때 난간 구조를 다르게 해서 소음이 전파 안 되도록 했어요. 처음 만들고 나서 가보니까 경적 울리지 말라고 팻말도 붙여 놓고 그랬더라고요.

11 로제식 아치교의 일종으로 아치립과 보의 사이에 경사진 달림재[吊材]를 맞물린 톱니형의 아치이다. 교량 전체의 강성을 높이고 자동차 주행 시 발생하는 진동을 잘 견딘다.

서강대교 건널 때 표지판을 얼핏 본 거 같네요.

그리고 동작대교 부근에 조그만 섬이 하나 있을 거예요. 지금의 서래섬이죠. 한강개발을 하면서 보니까 바닥이 완전히 갯벌 수준이더라고요. 발생 가스가 한강 주위로 올라올 정도로 완전히 부식된 토질이었어요. 어류가 살지 못하는 정도의 수준이었어요. 그런 지역인데 하상을 정리하고 갯벌을 걷어 내니까 그 부근에서 고기들이 발견되더라고요. 가서 보니까 강 밑에 모래가 있고 모래 밑에서부터 보글보글 물이 솟아 올라와요. 수온이 따뜻한 물이었어요. 지하의 물이 거기까지 올라오니까 다시 청정지역 같은 느낌이 나더라고요. 거기에 고기가 사는 게 신기하고 아깝더라고요. 그래서 그

서래섬

대로 보존하자고 했어요. 원래 한강개발이 되면 바로 호안護岸 블록을 만들어서 법면法面[12]이 되어 버리거든요. 그럼 고기가 살 데가 없어져요. 그래서 인공섬을 만들어 놓자고 한 거죠. 조그만 섬을 만들고 거기다 건너갈 수 있는 철교 다리를 만들었죠. 낚시도 할 수 있게 했어요. 원래는 건설부 허가 문제도 있고 해서 안 되는 거였어요. 월권이라면서 윗사람한테 야단도 맞았지만, 그래도 밀어붙여서 만든 거예요.

지하철 1호선 건설을 위한 서울시 직원들의 노력

이번에는 지하철 쪽으로 질문을 드리겠습니다. 1970년에 지하철본부건설본부 공사계장으로 가시는데요. 초창기 설계나 공사는 어떤 방식으로 진행됐는지 궁금합니다.

지하철 초기 계획은 오래전부터 구상했어요. 물론 도시계획 측면에서 세운 계획이었죠. 막연하게 서울시에 지하철을 두겠다는 기본적인 구상 정도였죠. 그러니까 실제로 할 때는 거의 백지상태에서 시작한 거예요. 과거의 계획을 참고하거나 그런 건 조금도 없어요.

12 법면은 도로나 철도 등 구조물을 설치하기 위해 밑바닥부터 구조물 이용 부분까지를 흙 등으로 쌓은 경사면 부분을 말한다.

처음에 지하철건설본부는 6명으로 시작을 했어요. 거기에 제 선배였던 김병린 사장이 공사과장, 본부장은 김명년 선배예요.[13] 저는 공사계장으로 합류한 거고요. 그런데 다들 지하철에 대해서 익숙지 않으니까 철도청에서 철도 계획을 했던 사람들도 같이 왔어요. 거기 엘리트들이 왔죠. 그분들이 본부장, 설계과장, 차량전기과장으로 왔어요. 서울시에서는 공사과장을 맡았죠. 설비 쪽은 철도청 출신들이 맡아서 시작했어요.

서울시와 철도청에서 엘리트들이 왔네요.

그래도 그때는 정말 백지상태였어요. 전기철도 개념으로 생각했죠. 지하로 같은 건 접할 기회가 없었어요. 우선 철도에 대한 것은 철도청에서 오신 분들이 베테랑이지만 지하 공사 쪽은 백지상태였어요. 다들 그런 상태니까 공부도 많이 했죠. 외국책도 많이 봤고요. 그리고 우리 자력으로만 하는 것은 아니고 일본 쪽 도움을 받았어요. 국유철도기술협력회라고 있어요. 일본의 국유철도 부속기관? 그런 개념의 조직이에요. 자스JARTS라고도 해요.[14] 해외 협력할 필요가 있으

13 김명년은 1957년 서울대 토목과를 졸업하였다. 철도청 건설과장, 서울시 지하철건설본부장, 서울시 건설국장을 지냈다. 이후 서울시 제2부시장과 서울지하철공사 사장을 역임하였다.

14 일본해외철도기술협력협회(Japan Railway Technical Service, JARTS)이다. 해외 철도건설, 개량 및 운영 등에 관한 철도 기술의 종합 컨설팅을 제공하는 것을 목적으로 한다. 일본의 도카이도 신칸센이 개통한 다음 해인 1965년에 설립되었다. 해외철도에 관한 연구, 해외철도에 관한 정보 수집 및 분석, 일본 철도 산업 및 기술에 관한 정보 보급, 정보 자료의 출판 및 배포 등을 주요 사업으로 한다.

면 나가서 지원해 주는 곳이죠. 우리나라만이 아니라 아프리카 같은 곳도 많이 가요. 물론 일본의 국익하고 관계되는 일을 하는 곳이죠. 그 사람들이 외국에 가서 기술협력을 하거든요. 그쪽의 도움을 받기로 해서 계약도 하고 도움도 받았어요. 거기서 인력들이 많이 왔어요. 고급인력이었어요. 우리 윗사람들은 일본어도 통했고요.

처음에는 지하철에 대해서 주입식 교육처럼 설명을 들으면서 시작했죠. 나중에는 그 사람들이 우리 기술자들한테 감탄하더라고요. "당신네는 아무것도 모르는 상태에서 시작하는 건데 어떻게 그런 아이디어가 나오고, 어떻게 그런 능력이 있느냐?"라고 말이에요. 어쨌든 기초적인 것들은 지원을 받았던 거죠.

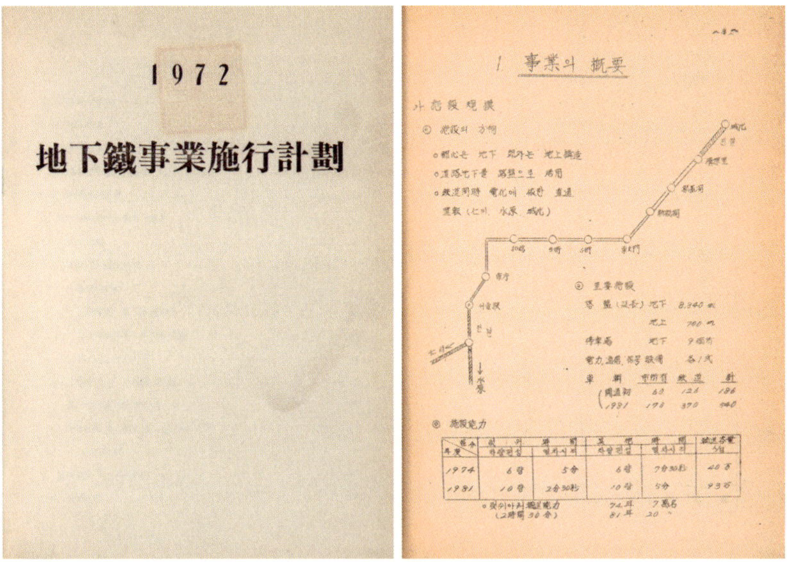

《1972년 지하철사업시행계획》

노선은 어떻게 결정했나요?

노선은 서울역에서 청량리로 해서 대략 9km? 정확하게 9.54km에요. 버스정류장 몇 개 들어가는 길이를 지하철로 계획한 거죠. 그렇지만 사업의 성격이나 참여하는 사람들의 각오는 대단했어요. 본격적으로 공사를 시작하기 전에 처음으로 해외 출장도 갔어요. 일본 지하철 견학하러요. 가서 보니까 일본 동경에는 11호선까지 있었어요. 거미줄이에요. 참 부럽기도 하더라고요. 서울시에서 지하철 1개 한다고 하는데 10km도 못 되잖아요. 좀 처량하기도 하고 그렇더라고요. 그렇지만 사명감으로 세상이 없어져도 그건 해내야겠다고 각오하고 시작한 거예요.

저 같은 경우에는 공사를 책임졌으니까 땅을 파야 하잖아요. 지하에 뭐가 있는지 이런 걸 조사해야 해요. 용역을 줄 때 과업에 들어가 있죠. 가령 상수도관로의 위치를 확인하고, 하수도도 다 조사하고, 거기에 청계천으로 들어가는 소하천들도 지하에 많이 있었어요. 교량 구조도 넘어가야 해요. 그런 것들을 어떻게 해야 할지 조사하려면 답사를 다녀야 해요.

그때 과장이 저한테 공사할 사람이니까 직접 가서 확인하고 대책을 세우라고 했어요. 어떻게 넘어갈 건지 공법을 제시하라는 뜻이었죠. 가령 광화문을 조금 지나가면 개천이 있는데 어떻게 넘어갈 건지, (땅 위에) 교량 구조가 어떻게 됐는데 (그 밑을) 어떻게 파헤

칠 것인지, 방법을 세우는 거죠. 그래서 언더피닝underpinning 공법[15] 등으로 교량 밑을 받치고 그 밑에서 공사하는 방법을 세웠어요. 공부해서 공법 계획을 세웠던 거죠. 그렇게 해서 공사를 시작했어요.

서울역, 종각역, 청량리역 같은 역들도 그때 정했나요?

서울역이 기점이니까 서울역은 우선 만들어야 해요. 남대문 쪽도 고려해야 하는데 문화재인 남대문도 있고, 서울역에서 너무 가까우니까 대신에 시청 앞에 뒀어요. 종로 쪽으로 가니까 종로 화신백화점 앞에도 놓고요. 이렇게 정해놓았죠. 그 다음으로 출입구를 어디에 어떻게 만들 것인지도 생각해야 해요. 설계 쪽에서 주로 그걸 많이 했거든요. 기능을 따져야 하는 거예요. 안보 관계도 생각해야 하고요. 계단도 많이 깊으면 안 돼요. 너무 깊으면 공사비가 늘어나거든요. 될 수 있으면 공사비를 줄이기 위해서 얕게 하자고 했어요. 그런 것들을 기본으로 해서 설계를 하면서 공사를 했죠.

에스컬레이터 문제도 있었어요. 노인네들은 다리가 아프잖아요. 그런데 일본에 가서 보니까 에스컬레이터가 있더라고요. 그런데 초창기에 우리한테는 그런 감각이 없었어요. 엘스컬레이터는 나중에 나와요. 계단 자체는 오르내리기 힘들지만, 분명히 국민 건강에 도움이 된다고 생각했어요. 거부반응을 갖지 말고 과감하게 계단만 두자고 했죠. 요새 생각하면 웃기는 얘기죠.

---

15 기존 건물이나 구조물의 기초를 보강하거나 새로운 기초를 만들어 받혀 놓고 그 밑을 파고 지나가는 공법이다.

지하철 건설 현장(1970년)

그리고 일본의 지하철역 주변에 횡단보도가 있었어요. 우리는 지하철역에 출입구를 놓으면서 횡단보도를 다 없애는 걸 전제로 공사를 했거든요. 우리가 생각하기에 지하통로가 있으니까 당연히 지하로 내려가야 한다고 했던 거죠. 지하보도도 그런 개념으로 사업계획을 세웠으니까요. 지하철도 지하로 공간을 확보하니까 당연히 횡단보도는 없애는 걸로 생각했어요. 횡단보도에 대해서 부정적으로 생각했던 것 같아요. 고정관념이었죠. 그래서 일본 친구들이 참 이상하다고 생각했어요. 그래도 횡단보도를 만들어 놓은 이유가 있을 거 같긴 했어요. 그렇지만 이거는 우리하고 맞지도 않는 얘기라고 해서 완전히 무시해 버렸죠. 나중에 보니까 당연히 필요한 거더라고요. 우리는 한동안은 역 주변에 횡단보도가 없었어요. 나중에 생겼거든요. 필요한 거였죠. 지금은 당연히 그걸 느껴요.

일종의 시행착오라고 해야 할까요?

그런 거 같아요. 그런 시행착오를 겪으면서 시작을 했던 거죠. 화장실 얘기도 있어요. 처음 지하철 계획할 때 화장실을 어디에 둘 건지 얘기가 나왔어요. 안보 관계도 있으니까 당연히 있어야 한다고 했죠. 대피공간으로도 사용하니까. 단순히 통과만 하는 데가 아니잖아요. 그런데 일본 자문단은 자기네 지하철에는 화장실이 없다고 해요. 왜 그랬냐고 물어보니까 안 하는 게 좋을 거라고 하네요. 사고가 빈번하게 나고 도저히 관리가 안 된대요. 성범죄 같은 것도 많고, 물 들어가는 것도 그렇고, 손 닦는 것도 그렇고, 관리가 힘들다고 해요. 그래서 옥신각신하다가 우리도 안 만들기로 했어요.

2호선 만들면서도 화장실이 처음에는 없었을 거예요. 그러다 나중에 올림픽을 준비하면서 화장실을 다 만들었어요. 화장실의 혁명이 일어났죠. 올림픽을 하면서 제일 신경 쓴 게 화장실을 어떻게 할 건지였거든요. 그게 제일 관건이었어요. 다른 사람들이 해외 출장 가서 보기도 하고 그랬는데, 결론은 세상이 없어져도 그건 철저히 해야 한다는 거였어요. 수세식으로 하고, 호텔을 벤치마킹해서 만들어야 한다고 했죠.

그리고 타올 말고 휴지를 놓기로 했어요. 그건 제가 생각한 거였어요. 타올 비슷한 휴지가 있어요. 그때도 그런 게 보급됐거든요. 제지회사에 확인을 하니까 물 닦는 게 가능하다고 해서 휴지를 사용하는 걸로 하기로 했어요. 지금은 우리나라 화장실이 세계 최고잖아요. 고속도로 휴게소 같은데 보면 좋잖아요. 외국에서 우리나라 화장실을 견학 와요. 예전에는 우리가 화장실 견학하러 갔는데 말이에요.

우리나라 공중화장실은 정말 좋죠. 그런데 처음 지하철 만들 때 화장실이 없었다는 건 젊은 사람들은 생소할 것 같네요.

그래도 시기를 크게 놓치지 않고 제때 설치하는 것도 용기였죠. 또 시설을 제대로 관리하는 건 기술향상 덕이거든요. 보통 어려운 일이 아니거든요. 이와 비슷한 게 스크린도어에요. 스크린도어를 설치하는 것도 고려했어요. 물론 초기에는 일본에도 당연히 없었는데, 우리나라 1호선이 마무리될 때 일본에서 스크린도어를 시험 설치해서 운행하기 시작하더라고요.

그 당시에 이미 일본에서는 스크린도어가 나오기 시작했나 보네요.

그랬어요. 그런데 스크린도어가 없을 때 기억하나요? 지하철 탈 때 플랫폼에 갇혀 있으면 (지하철이) 고속으로 휙 지나가잖아요. 정차할 때까지 속도도 빨라요. 잘못하면 현기증 일어나요. 그걸 막으려고 조그만 핸드레일 비슷하게 가드나 펜스를 쳐 놨잖아요. 그리고 겨울에 추울 때는 무지하게 추워요. 요즘 지하철 터널 내부 공

스크린도어가 설치된 오늘날의 지하철역

기 온도는 무지무지하게 높대요. 40도 이상 된다고 들었어요. 전동차 운행하면서 생기는 열이 축적돼서 환기 시설이 있지만 무지무지하게 덥대요. 스크린도어가 없으면 무지무지하게 불편해요. 요즘은 다 필수시설로 되어 있죠.

1호선 만들 때 스크린도어를 할까 말까 고민한 적이 있어요. 그런데 설비 쪽에서 힘들다고 했어요. 문제는 지하철을 세울 때에요. 정위치에 어떻게 세우느냐가 문제죠. 안 해봤으니까요. 보통 기차가 설 때 오차가 조금 있잖아요. 그런데 이건 정확히 서야 해요. 그게 어렵죠. 열차가 정확히 그 위치에 서야지만 출입구가 맞으니까요. 문이 열리고 닫고 하는 것도 자동 개폐가 돼야 해요. 그런데 자동개폐장치가 쉽지 않았어요. 여러 가지 문제가 제기되면서 결국은 시기상조라고 했어요. 우리가 있을 때 그걸 했으면 나중에 경험이 많이 되었을 텐데, 아쉽죠. 어쨌든 안전이 최우선이고요. 전에는 (지하철역에서) 자살도 많이 했잖아요. 이제는 그런 것도 막으니까요. 필수적인 안전시설이죠. 좋은 현상이에요. 그때는 지하철을 만들면서 처음 경험하는 것이 많으니까 결정 과정이 번거롭고, 늦춰지고, 주저하고, 그런 경향이 많았어요.

처음 하는 건 쉽지 않죠.

네, 맞아요. 공사도 똑같아요. 안 해본 공법을 새로 도입하는 건 쉽지 않았어요. 지하철 만들기 전에 했던 지하공사는 지하횡단보도 공사가 유일했죠. 그거는 땅을 파고 구조물을 만들고 흙으로 덮는 거예요. 그런데 지하철은 기본이 개착공법開鑿工法[16]이에요. 경우에 따라서 밑으로 계속 터널식으로도 하기도 해요. 1호선 처음 할 때는 완전히 초기니까 개착공법 외에는 다른 건 생각도 못 했어요. 토류판土留板, 토류말뚝공법[17]이라고도 해요. 말뚝을 박는 거죠. 그때는 2m 간격으로 박았어요. 파일pile, 솔져파일이라고 했어요. 군인들 쭉 줄 세우잖아요. 비슷해요. 거기다 나무판 두께가 한 12cm

16 지표면에서 땅을 파고들어 간 뒤 구조물을 설치하고 흙을 다시 메우는 공법이다. 상하수관을 설치하거나 터널, 지하철 건설 등에 많이 쓰인다.

17 지표면에서 땅을 파고 내려가 구조물을 만들 때, 측면이 무너지지 않도록 말뚝을 이용해 지지하는 방법이다.

정도 두꺼운 걸 중간에다가 끼워요. 무너져 내리는 걸 막는 거예요. 그걸 토류판이라고 해요. 아주 기초적인 공법이죠.

시작하는데 말뚝을 어떻게 박느냐가 문제였어요. 10m 내외의 깊이가 지하철 바닥이 되거든요. 거기까지 내려가야 해요. 어떤 때는 암반이니까 내려가지 못하는 일도 있어요. 그때는 말뚝을 추로 때려 박았어요. 디젤함마기가 들어와서 보급되고 어느 정도 일반화되었던 때였어요.

그런데 쇠말뚝 박는 소리가 무지무지 커요. 제가 지금까지도 정말 시민분들에게 고맙게 생각하는 부분이에요. 낮에는 교통량 때문에 작업을 자제하거든요. 그 말뚝 박는 것도 안 하는 경우가 많아요. 대신 오후 늦게나 밤중에 교통이 한가해지면, 그때 집중적으로 공사를 많이 했어요. 밤새도록 때리는 소리가 난 거죠. 지금 같으면 주변에서 어림도 없어요. 사람들이 그걸 인내하고 참았죠.

 **시민들이 소음을 참았는지 어떻게 알 수 있죠? 민원이 많이 들어왔나요?**

다 알죠. 그래서 좀 참아달라고 홍보를 무지하게 했어요. 호소할 수 있는 캐치프레이즈도 만들고요. 그때 만든 게 '시민의 발, 서울 지하철'이라고 있어요. 그러니까 조금만 참아 달라고 호소하면서 공사를 했어요. 요새는 그렇게 공사 안 하죠. 밑까지 뚫고 파일을 조용히 집어넣어 세우죠.

흙 파는 것도 그래요. 사람이 어떻게 그걸 다 파서 담겠어요? 조그만 불도저 같은 걸 집어넣고 모아서 크레인으로 파든지 해야 해

지하철 공사 현장을 시찰하는 박정희 대통령 내외와 양택식 시장(1973년)

요. 그러려면 통로 공간을 확보해야 해요. 그거 하려면 버팀 강재가 따로 있어야 해요. 그게 또 높이 차이가 나면 파면서 밑으로 내려가야 해요. 초기에 기술자들한테는 그걸 어떻게 극복하느냐가 애로사항이었어요. 현장에 나가서 간격 무리하게 벌어지지 않았는지 확인하고, 독려하고, 보강하고, 그런 것들이 예사였어요.

우리나라 지하철 공사가 참 어려웠네요.

그런 공법은 일본에서도 쉽게 볼 수 있는 게 아니었거든요. 참 어렵게들 넘어갔어요. 무너지는 사고도 자주 났고요. 제일 어려운 것이 지하수가 빠져나오는 거였어요. 아무리 제대로 박아서 공사를 한다고 해도 지하수 물이 자꾸만 빠져나와요. 그 바람에 옆의 맨땅은 압축되고, 변형이 생기면서 건물들이 크게 영향을 받아요. 그것도 민원이죠. 또 그게 옛날에 생긴 건지, 그때 생긴 건지 확인도 안 되고요. 분쟁도 생기고 그랬어요. 그런 걸 일일이 확인하고 대책을 세워야 한다는 말이죠. 공사할 때는 가서 뭐가 이상한지 표시를 하고, 벌어졌는지 안 벌어졌는지, 다 해서 검사할 수 있도록 만들어야 해요. 나중에 보상한다는 걸 전제로 해야 하거든요. 또 그걸 최소화하기 위해서는 어떻게 해야 하는지, 발버둥을 치면서 그렇게 공사를 해 나갔던 거죠.

지하철 하나만 해도 정말 힘든 일이었네요. 도심에 1호선을 만들 때 다른 문제는 없었나요?

시청 앞 같은 곳은 그 안으로 승용차가 빠져들어 간 적도 몇 번 있었어요. 휙 날아서 들어가고 그랬어요. 무너져서 버스가 들어간 적도 있고요. 그럴 땐 펄쩍펄쩍 뛰죠. 하여간 수시로 일이 벌어지니까 지하철 직원들은 철야가 필수적이에요. 그때는 통행금지가 있었잖아요. 그런데 특별히 지하철 직원은 야간통행증이 발부됐어요. 경찰이 발부해 줘서 밤새도록 일하고 그랬어요. 그렇게 완성을 시키니까 일본 사람들이 우리보고 참 용하다고 그래요. 자화자찬은 아니지만 그런 여건에서 끝마쳤다는 거는 정말 촌스럽지만 대견하고 잘했다고 평가해요.

1974년 개통식 당일 광복절 기념식에서 육영수 여사 저격 사건이 일어났잖아요. 그때 분위기가 어땠나요?

8월 15일이 개통예정일이었죠. 신설동 로터리 쪽에서 차량기지 쪽으로 가는 분기점이 있어요. 동대문구청 쪽으로 가는 게 있고, 거기서 갈라져서 차량기지 쪽으로 가는 것도 있거든요. 그쪽에 완성이 덜 된 상태였어요. 그 구간을 제가 맡고 있어서 마지막 뒷정리를 하고 있었는데 광복절 기념식에서 일이 터진 거죠. 원래는 기념식 끝나고 나와서 대통령이 커팅할 계획이었어요. 우리도 거기 가야 해요. 저는 현장을 정리하고 그 앞에 다방에서 광복절 행사를

지하철 1호선 개통식(1974년)

보고 있었어요. 저거 끝나면 바로 이동하겠구나라고 생각하고 있는데 거기서 저격하는 장면을 봤잖아요.

문세광 사건을 다방에서 TV로 보셨네요.

나중에 총리가 나와서 하긴 했죠. 청량리역에서 개통 테이프를 끊었어요. 그다음부터 지하철 얘기를 박정희 대통령한테 꺼낼 사람이 없었어요. 지하철 자체가 그 일이 연상되니까요. 얘길 못했다고요. 사업도 거론이 안 됐죠. 그때는 지하철본부에 직원들이 많았어요. 사무실이 없으니까 밖에 돌아다녔어요. 저는 옛날 성동역 건물에 있었거든요. 이전에 그 앞으로 서울사범대학교가 있었어요. 춘천 가는 열차의 종점인데, 지금은 없어졌죠. 어쨌든 거기에 공사하고 남은 자료들이 많았어요. 가령 새로운 공법에 대한 자료들, 실험 결과 데이터들, 그런 것들이 많이 있었어요. 보관해 두고 나중에 참고하자고 했죠. 나중에 사고가 나면 사고원인에 대한 분석 자료도 있어야 하잖아요. 공구마다 감독들 책임지고 자료들 다 정리하고 상자에 넣어서 보관하기로 했어요.

그런데 어디 보관할 데가 없잖아요. 도서관 자료실 같은 데 보관하면 좋은데, 그런 자료실도 그때는 없었거든요. 양도 많고요. 당시 제일 여유가 있는 곳이 지하철 서울역에 공간이 조금 있었어요. 지하철에는 지하승강장이 있고, 표 사는 곳도 있고, 대합실도 있잖아요. 거기에 창고들이 좀 있어요. 거기다 다 집어넣었어요.

지금도 그 자료가 거기에 있나요?

나중에 그걸 좀 보자 해서 찾아보니까 어디로 갔는지 다 없어졌더라고요. 귀한 자료인데 말이에요. 목적을 가지고 관리해야 했는데 그냥 놔둔 거 같아요. 이해 관계없는 사람들한테는 짐들이니까요. 그냥 다 없애버린 것 같아요. 누가 필요해서 가져갈 정도는 아니었거든요. 나중에 건설의 흐름을 알 수 있는 역사적인 자료가 될 수 있었는데 말이에요. 아쉬워요.

순환선으로 만들어진 지하철 2호선

이번에는 지하철 2호선으로 넘어가 보겠습니다. 다른 노선들과 달리 2호선은 순환선으로 만들어져 있는데요. 그렇게 된 연유가 궁금합니다.

2호선은 다른 노선들과 다르죠. 3·4호선은 X형이라고 할 수 있죠. 크로스로 되어 있어요. 그런데 2호선은 루프 형태로 되어 있죠. 서울은 방사형의 도시거든요. 그래서 노선을 구성하는데 어려웠어요. H형이던지, X형이던지, 사방에서 있는 부도심들을 어떻게 도심으로 연결하고 각 지역을 연결할 것이냐가 문제가 돼요. 그래서 순환형으로 한 거죠. 나중에 일본기술협력회 사람들이 그랬어요. "2호선 루트는 황금루트다."라고 말이에요.

왜 2호선에 대해서 황금루트라고 말했나요?

역세권이라는 걸 생각해야 해요. 방사형 도시는 중앙집중식이잖아요. 도심으로 사람들이 몰리는 거죠. 그걸 어떻게 할 것이냐가 문제가 돼요. 저희는 그걸 해결한 거죠. 일본 사람들이 볼 때 1호선 공사를 끝내놓고, 3·4호선이 없는 상태에서 2호선을 루프 형식으로 만들어버리니까 기상천외한 사고방식이라고 했던 거예요. 어떻게 그걸 먼저 하느냐는 거죠. 물론 계획상 3·4호선까지 되어 있는 상태에서 도시로 몰리는 걸 커버하려고 했던 거죠. 그런데 그때는 그런 효과보다는 단순히 외곽의 부도심을 연결하기 위한 목적이 더 많이 반영되었어요. 지금도 아마 통계로 보면 2호선의 이용객 수가 제일 많을 거예요.

2호선을 만들기 시작한 것이 1977년인가? 1978년인가? 그래요. 제가 1호선을 끝내놓고 교량계장으로 갔어요. 그러다가 승진해서 노량진수원지 소장이 돼요. 그리고 몇 개월이 지나서 중랑하수처리장 소장을 겸직하고 있는데 바로 2호선이 시작되더군요. 차출되서 다시 공사하러 갔죠.

선생님의 이력서를 보니까 1977년에 지하철본부 건설과장으로 가시네요.

그때였을 거예요. 1호선보다 규모도 더 크죠. 2호선 전체 구간을 한 번에 다 벌였어요. 기구도 확대하고 전에 일했던 사람들도 다시 호출했고요. 제가 처음 갔을 때 신림동에서 영등포 구간을 어떻게 그을 것인지를 가지고 고민하고 있었어요. 경험있는 사람들한테 자문받아서 결정해야 한다고 해서 먼저 경험있는 사람들을 불러들인 거죠. 그게 첫 번째 과제였어요.

지금의 2호선이랑 원안이랑 노선도가 달랐나요?

처음에는 신림동에서 시흥인터체인지로 빠지는 외곽순환선을 따라가는 노선이었어요. 문제는 어떻게 안양천 강물을 넘어서 연결하느냐였어요. 난제였죠. 그때만 해도 돈 문제가 컸거든요. 그걸 놓고 헤매면서 결국은 도림천 쪽으로 가게 됐어요. 도림천 고가도로를 만들었죠. 영등포는 다 커버하지 못하지만, 도림천 쪽으로 가면 공사비나 공기工期는 문제가 없다고 결론이 났거든요.

지하철2호선 강북구간 기공식(1980년)

원래는 안양천으로 가려고 했는데 예산이랑 시간 때문에 도림천 쪽으로 가게 됐군요.

네, 맞아요. 그렇게 도림천으로 빠져서 신도림동으로 갔죠. 그다음에 조금 더 외곽으로 벌리려고 했어요. 지금 2호선 노선인 신도림이랑 문래역 구간을 조금 더 내려서 돌리자고 했거든요. 그런데 보니까 돌릴 데가 마땅치 않더라고요. 영등포역 바로 앞에서 돌게 되더라고요. 그 뒤에 문래동 쪽이 조금 소외되더라고요. 결국은 지금 노선으로 가고 당산철교로 연결된 거죠.

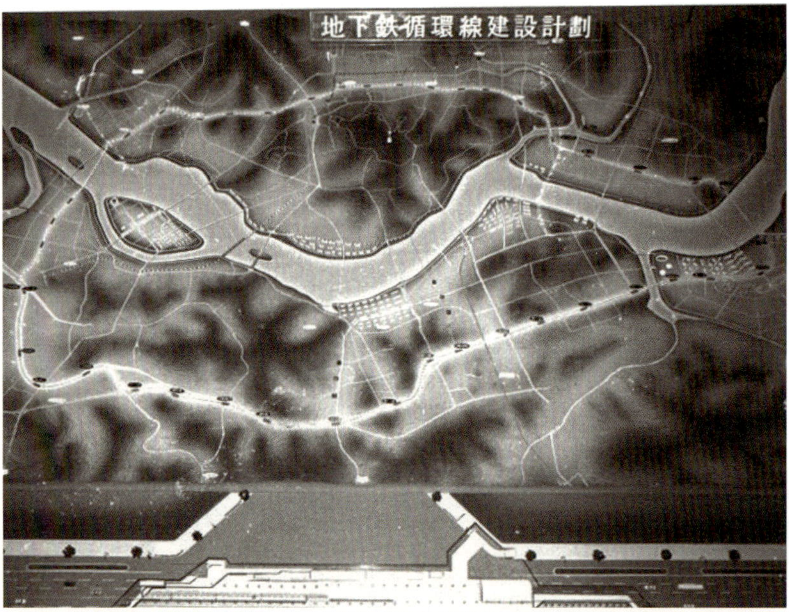

지하철2호선 모형도(1978년)

당산철교 다음에는 강북 쪽 노선이네요.

당산철교를 지나서 신촌을 지나가면 이대역이죠. 그런데 거기는 원체 고개가 높아요. 그래서 이화여대를 빼고 가자는 얘기도 나왔어요. 그렇지만 신촌역 다음에 고개를 넘어가야 연동이 되는데 중간에 이대를 어떻게 빼겠어요? 그래서 터널로 하기로 했죠. 터널은 양쪽으로 내고요. 하나로 하면 큰 단면으로 뚫어야 하거든요. 그러면 단면의 크기 때문에 낙반사고 같은 게 날 수 있어요. 그런데 2개를 뚫으면 조그만 터널이 되니까 벌어지면 벌어지는 대로 안전한 거죠. 조금 더 파면 승강장이 나오게 하고 에스컬레이터로 끌어 올리자고 했어요. 제 아이디어였어요. 영국 지하철을 보면 깊은 역에서 올라오는 걸 엘리베이터로 하는 곳들이 있어요. 옛날 구식은 엘리베이터를 사람이 레버를 잡아당겨서 올라오는 것도 있었어요. 어쨌든 그 깊이에 에스컬레이터를 설치할 수 있는지 보니까 문제가 없었어요.

이대역 에스컬레이터가 깊이 나 있던 게 다 이유가 있었군요.

그렇죠. 역에 내려가면 매표 기능만 있죠. 지하철을 타려면 에스컬레이터로 한참 내려가야 하잖아요. 요새는 긴 데가 흔하지만, 그때만 해도 제일 긴 에스컬레이터였어요. 그렇게 내려가서 밑에서 타면 터널하고 터널 사이에 통로가 있을 거예요. 플랫폼 공간 남겨놓고, 그 옆으로 횡굴을 뚫어서 연결했죠. 그렇게 지하철 이대역이 생긴 거예요.

그리고 넘어와서 시청역과 을지로입구역이 있죠. 그런데 2호선을 지으려고 보니까 을지로입구에 기존 상가가 있단 말이에요. 기존 상가 밑을 통과해야 하니까 그러면 상가를 연결하자고 한 거예요. 아예 상가 연결이 가능한 심도로 내려간 거죠. 지금 을지로입구역이 그렇게 연결된 거예요. 그리고 그런 가능성이 있는 곳들은 다 그렇게 하라고 했죠.

도심 지하철역들 안에 있는 지하상가들은 원래 역사 안에 있던 게 아니라 기존의 지하상가가 지하철과 연결된 것이군요.

그런데 상가가 너무 길어져서 걱정이었어요. 지하상가에 대한 아이디어는 원래 그 전부터 있었어요. 초기에 일본으로 지하철 견학을 갔을 때 오사카에 우메다역[梅田駅]이라고 있어요. 거기 가니까 지하상가로 되어 있더라고요. 깨끗하고 좋아요. 음식점도 있고요. '야, 이게 성립이 되느냐? 우리나라 지하상가도 가능할까?'라고 생각하면서 참 신기하게 봤어요. 왜냐하면 음식점 같은 건 환기가 돼야 해요. 의류도 마찬가지예요. 의류도 염료를 쓰니까 냄새가 많이 나기 때문에 환기가 절대적이에요. 환기 시설이 제대로 있어야 해요. 걱정됐죠. 어쨌든 시작했는데 지금 기억 속에 있는 건 소공로 지하도에서 명동입구까지 구간이에요. 그쪽에 음식점이 지하에 많이 몰려 있었어요. 역시 냄새가 많이 나더라고요.

그런 것들을 해결하면서 뚫자고 한 게 2호선이었어요. 테헤란로가 역삼역을 지나서 삼성역까지 가죠. 역삼역은 매우 깊어요. 2호

지하철과 연결된 소공동 지하상가(1976년)

선 할 때는 아직 테헤란 개발이 덜 될 상황이었어요. 도로변은 대단지 블록으로 남겨 놓고 상업시설만 들어갈 수 있게 고시된 상태였어요. 그런데 보니까 여기에 건물이 들어서면 분명히 고층건물이 들어간다는 게 보여요. 테헤란로는 도로 폭이 넓고 구획정리사업을 해서 제대로 갖춰진 도로거든요. 그러면 아예 삼성역까지 개발 가능한 노선으로 만들자고 했어요. 그러니까 테헤란로 옆에 건물을 새로 짓는다면 그 건물들은 의무적으로 그 구간에 있는 지하철의 지하상가와 연결되게끔 하는 걸로 말이죠.

강남역이랑 삼성역 주변의 지하상가들이 이때 만들어졌네요.

공간이 충분히 나올 수 있도록 공사를 했죠. 어떻게 보면 공사비 낭비가 될 수도 있었요. 심도를 깊이 내려가니까요. 평탄하게 하면서 지하시설에 공간을 확보하는 심도로 내려야 하거든요. 지하공간이 있으니까 사람들이 구태여 지상으로 올라와서 다닐 필요도 없는 거죠. 비나 눈이 와도 다닐 수 있고요. 지상에 도움이 되는 기능이 별로 없다면 지하로 내려가도 괜찮다는 얘기예요.

잠실에도 지하상가가 있잖아요. 그것도 계획을 세울 때부터 한 거예요. 공간을 만들어 놓고 지하상가를 민자民資로 만드는 거예요. 역의 기본시설은 시비市費가 들어가지만 그 외에 부대시설은 민자로 해결하는 거죠. 동아건설이나 대우건설이 그렇게 공사를 수주했어요. 서로 누이 좋고 매부 좋고 한 거죠. 물론 사업비 같은 걸 축내고 특혜를 준 건 아니에요. 영등포역 주변도 나중에는 지하로 개발되잖아요. 개발 초기니까 그런 것들이 가능했던 거 같아요. 아쉬운 건 그때 좀 더 구체적으로 할 수 있는 고급두뇌가 제대로 계획을 했으면 더 좋았을 것 같다는 생각이 들긴 해요.

지하철 3·4호선 건설과 당시의 여러가지 일화들

이번에는 3·4호선으로 넘어가 보겠습니다. 3·4호선은 동시에 진행된 걸로 알고 있습니다. 이 무렵이면 지하철본부에 계시다가 본청으로 들어가서 도시계획과장이랑 시설계획과장을 하셨을 때인데요. 당시에 3·4호선에 대해서 관여를 하셨나요?

3·4호선은 아까 말했듯이 일단 X자로 노선이 결정됐어요. 처음에는 민자로 시작했어요. 지하철 3·4호선 건설주식회사? 이름이 그럴 거예요. 법인체를 세우고 서울시가 주체가 되었죠. 거기에 참여하는 사람들이 자본금을 납부하는 거예요. 제가 지하철본부에서 기획조사과장이었을 때였던 거 같네요. 일단 3·4호선 전체를 구상한 다음에 공구 분할을 했어요. 이십몇 개 정도? 그 정도였어요. 공구를 3호선, 4호선 동수로 하고, 3호선 몇 공구랑 4호선 몇 공구, 이렇게 한 페어로 엮었죠. 그걸 건설업체들에 선택하게 했어요. 자기가 부담하는 액수는 자본금을 납부하라고 했죠. 그렇게 사업을 시작했던 거죠. 그런데 납부가 잘 안 됐어요. 도저히 안 되겠더라고요. 그래서 법인이 없어졌고 지하철공사가 탄생했어요.

지금의 서울교통공사네요.

그런데 3·4호선을 하면서도 자꾸 사고가 나요. 그러니까 "너, 거기

지하철공사 현판식(1981년)

가서 지도해."라고 하면서 다시 지하철공사에 파견되었죠. 가서 점검하러 다녔어요. 그때는 제가 본청으로 들어가서 시설계획과장을 하고 있을 때였거든요. 멀쩡한 보직 맡고 있었는데 말이죠. 제가 구간을 전부 다 할 수는 없겠지만 상징적으로 서울시에서 안전 때문에 지하철 베테랑이 파견 나왔다고 말해주는 효과는 있었을 거예요. 가니까 지하철공사 사장이었던 김재명[18] 씨가 저보고 보좌관이래요. 보좌관이라는 말이 군에서 쓰는 말이지만, 위는 다들 군

18 김재명(1931~2006)은 육군사관학교 10기로 관구사령관, 제1군단장, 합참본부장 겸 대간첩대책 본부장 등을 지냈다. 1972년 육군중장으로 예편하였고, 병무청장으로 재임하였다. 교통부 장관과 서울지하철공사 사장을 역임하였다.

출신이니까요. 명령 내릴 때 "보좌관"이라고 저를 불렀어요. 거기서 1년 정도 있었어요. 어쨌든 3·4호선은 그래도 1·2호선 경험이 있으니까 잘들 했어요. 기술자들이 서포트를 많이 했고요. 일사불란하게 추진이 잘 됐어요. 아마 그때 공사지工事誌도 나왔을 거예요. 1호선 때는 공사지를 만들려고 하다가 문세광 사건 때문에 진행이 안 됐고, 2호선 때부터 만들기 시작했을 거예요. 그런데 2호선은 소급해서 만들어서, 3·4호선부터 제대로 나오기 시작했어요. 이후에 1호선 공사지도 남아있는 자료를 모아서 만들었더라고요.

다른 일화는 없었나요.

5호선을 결정할 때 재미있는 일이 있어요. 5호선이 강동이랑 송파 두 갈래로 갈리잖아요. 천호랑 강동 다음에 하나는 명일동, 다른 하나는 방이동으로 가죠. 원래는 명일동 쪽으로, 그러니까 하남시 방향으로만 빼려고 했어요. 서울시 동쪽 개발을 지원하자고 해서 노선을 잡았거든요. 그런데 방이동 쪽이 소외되는 거예요. 민원이 발생했어요. 두 방향 중에 어디를 택하느냐가 고민된 거죠.

그런데 머리에서 갑작스럽게 아이디어가 나오더라고요. 갈라지는 거죠. 천호동에서 갈라지는 걸로요. 흔히 있는 건 아니죠. 그래서 철도 운행 담당 중에 잘 아는 직원들한테 이거 되겠냐고 물어보니까 문제없다고 해요. 역에는 2분 간격이면 이쪽엔 4분 간격이 되는데 그것도 괜찮냐고 물어보니까 그것도 상관없다고 해요. 그사이에 정리하고 분리해야 되는 것도 위험하지 않냐고 물어보니까 그것도 괜찮다고 해요. 그래서 절차에 따라 보고하고 선을 양쪽으로 가른다고 발표했죠.

어려운 민원이 해결됐네요.

모두가 만족했죠.

5호선 강동역 다음 구간이 그래서 2개로 나뉘었군요.

그거 이외에 6호선도 그런 게 있어요.

네, 맞아요. 공덕동 지나서 응암역에서 구산역은 원형으로 돌아가잖아요. 왕복이 아니라 돌아가는 순환형이에요.

그렇죠. 보통 지하철 노선은 양쪽 단부斷部에 차량기지가 있어요. 아침에 나오고, 정비하고 그래야 하는 거죠. 그런데 너무 멀거나 한쪽에만 몰려 있으면 관리가 어려워요. 급할 때나 사고가 나면 한 바퀴 돌아서 가야 하기도 하고요. 그래서 (차량기지를) 분산시키는 방법이 있어요. 그런데 6호선은 놓을 데가 없어요. 바로 북한산 산꼭대기로 연결이 되더라고요. 그러면서 가는 것도 갔다가 다시 또 반복 운전을 해야 하더라고요.

종점이 산꼭대기면 거기에 차량기지를 못 만드니까 종점까지 갔다가 다시 돌아와서 차량기지로 가야 하는 방식으로 해야겠네요.

그래서 그걸 돌리는 걸로 아이디어가 나온 거예요. 돌리는 건 1~2

개 정거장만이에요. 이쪽은 원圓 구간이죠. 한쪽 방향 밖에 지하철을 못 타는 거죠.

그쪽은 왜 노선이 동그랗게 되어 있을까 궁금했거든요. 그 의문이 풀리네요.

그다음에는 전기에 대해 말할게요. 1호선이 수원이랑 천안까지 가잖아요. 그게 직교直交 양용이라서 가능한 거예요. 1호선은 도심 지하철이기 때문에 전압이 높질 못해요. 정확히 모르겠는데 1,500V 직류일 거예요. 저전압이에요. 고전압이면 안전에 위험이 있거든요. 그래서 시에서 구태여 고전압으로 할 필요 없다고 한 거였어요. 송전하면 노선을 타고 가면서 저항 때문에 전압이 떨어져요. 열도 많이 나고, 전달이 안 되고요. 로스lose, 그러니까 손실이 일어나는 거죠. 그래서 변전소를 여러 군데 놔야 해요. 물론 전압이 높으면 그런 건 해결돼요. 철도 같은 건 당연히 고전압으로 해야 하죠. 2만 5,000V였나? 그 정도예요. 남영이랑 서울역 사이에 데드 섹션이 있죠? 불 꺼지는 곳 말이에요. 거기까지가 서울 지하철 전압이 가는 구간이죠. 일단 대전제는 열차가 양용 열차여야 한다는 거예요. 저전압 직류도 가능하고, 고전압 교류도 가능하고요.[19]

---

19 지하철 전력공급방식의 변화로 전력 공급이 끊기는 구간을 말한다. 지하철의 전력공급방식으로 교류방식과 직류방식이 있으며, 교류방식은 2만 5,000V를 전동차에 공급하는 방식이고, 직류방식은 1,500V, 경전철은 750V를 공급한다. 지하철 건설 초기에는 직류방식이 도심 지하구간에서 사용되었다. 교류방식은 교외선이나 철도 연장거리가 긴 구간에 적용되었고, 수도권 전철 1호선의 회기역과 청량리역 구간, 남영역과 서울역 구간, 수도권 전철 4호선 남태령역과 선바위역 구간, 수리산역과 대야미역 구간 등에 적용되었다.

맞아요. 4호선 사당에서 남태령 넘어가는 구간도 그래요. 중간에 전등이랑 에어컨들이 꺼지잖아요.

원래 우리는 4호선을 사당역까지 계획을 했거든요. 사당역까지 하면서 과천을 넘을지 안 넘을지 의논을 하기는 했어요. 그러다가 "그건 뭐, 과천은 과천대로 알아서 해결하겠지. 정부청사도 자기들이 알아서 하겠지."라고 하고 끊어버렸어요.

과천정부청사에서 일하던 사람들이 뭐라고 안 했나 보네요.

별말 없었어요. 어쨌든 그거 이외에 통행계, 그러니까 방향도 문제가 있었어요. 철도는 좌측 통행계잖아요. 1호선도 좌측이에요. 그런데 2호선부터는 우측 통행이에요. 일제강점기에 그렇게 된 건데 고치지 않았어요. 왜 고치지 않았냐고 하면 우선 전기시설이 다르고, 제일 문제는 철도에서 고개 올라갈 때 상향구배제한, 하향구배제한이 있어요. 기차가 가는데 어디는 구배가 완만하고, 어디는 급하잖아요. 그런데 이걸 바꿔 버리면 거꾸로 되어 버리잖아요. 구배제한에 걸릴 수 있어요. 노선의 구조적인 문제라고 해야겠죠. 그다음에 신호 시스템도 완전히 다 바꿔야 하니까 돈이 많이 들어가요. 우리가 220V 바꾸는 거랑 똑같은 거죠. 욕심 같아서는 그때 바꿨어야 했는데 말이에요. 정부에서 말이죠.

1호선이랑 2호선 만들 때 바꾸자는 의견은 없었나요?

우리가 2호선을 할 때 바꾸자고 그랬어요. 자동차는 진작 바꿨으니까요. 바꾸자고 그랬는데 안 바꿨어요. 바꿨으면 혼선이 없었을 텐데 말이에요. 전기도 220V로 바꿨잖아요. 일본은 지금도 110V예요. 우리는 과감하게 바꿨죠. 우리는 장점을 택했지만 일본은 그걸 알면서 바꾸질 못했죠.

네, 좋은 말씀 감사합니다. 인터뷰는 이것으로 마치겠습니다.

“

개발이 시작되면서 능률성이 강조되었어요

”

면 담 자 이민재(한국학중앙연구원)

면담주제 서울시정과 공무원들(예산행정)

면담일시 2017년 7월 26일(1차), 2017년 8월 19일(2차)

면담장소 서울시 시우회 송파구회 사무실

이보규

1942년	충청북도 괴산 출생
1966년	마포구 아현5동 동사무소 근무
1969년	국민대학교 행정학과 졸업
1972년	서울시 예산과 근무
1979년	서울시 새마을지도계장
1985년	서울시 지출계장
1991년	서울시 강동구 건설국장
1992년	서울시 성동구 시민국장
1993년	서울시 성동구 재무국장
1996년	서울시 송파구 총무국장
2001년	서울시 한강관리사업소장

1970년대 서울시 공무원 조직에서 예산과의 위치

이번 면담은 '서울시정과 공무원들'이라는 주제로 실시하는 서울역사편찬원의 구술채록입니다. 오늘은 이보규 전 한강관리사업소장님을 모셨습니다. 소장님께서는 1966년부터 공무원 생활을 시작하시고 서울시 지출계장, 성동구 재무국장, 송파구 총무국장을 비롯해 한강관리사업소장을 지내셨습니다. 우선 예산 관련 업무를 맡은 계기와 당시의 모습에 대해서 말씀 부탁드리겠습니다.

제가 시청 새마을지도과에서 예산과로 갔던 게 1972년이었어요. 처음에는 총괄계로 갔지요. 세입 업무를 담당했어요. 서울시 전체 예산을 보는 곳이라서 흐름을 알 수 있는 곳이었어요. 세입이라는 것이 예산으로 쓸 돈이 얼마나 들어오는지 보는 곳이에요. 세입이 크게 보면 시세市稅가 있고, 세외稅外수입이 있어요. 시세는 뭐 재산세나 주민세, 이런 것들이죠. 세외수입은 도로사용료, 민원서류 증지판매 수수료 같은 것들이죠.

대개 예산은 세출만 생각하지만 진짜 중요한 게 세입이에요. 그걸 어떻게 확보하느냐가 중요해요. 세입을 법령에 따른 것만 모금하면 한계가 있어요. 하지만 세외수입은 더 얻을 수 있어요. 증지나 인세 수수료를 올린다든지, 토지 사용료나 시설 사용료 같은 걸 올린다든지 할 수 있죠. 수입을 많이 올렸던 것은 시유재산市有財產

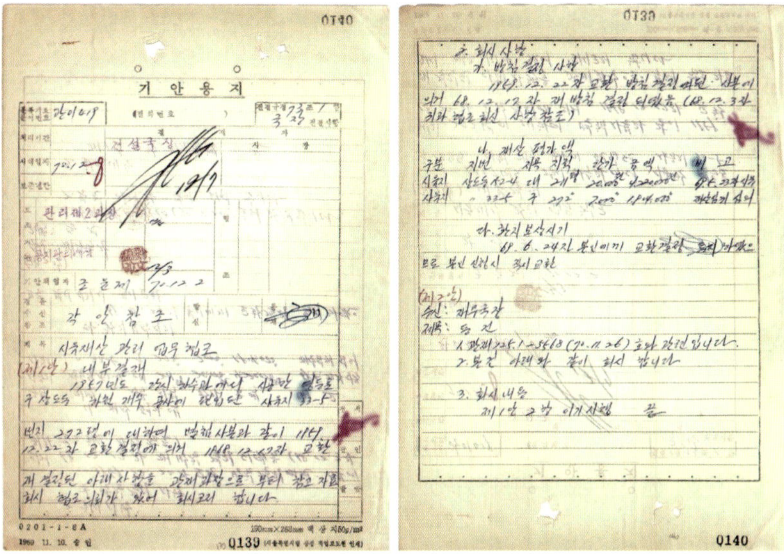

시유재산 관리업무 협조 공문(1970년)

이었어요. 쓰지 않는 시 소유의 행정재산01이죠. 구청 건물, 동사무소 건물 같은 거예요. 이런 것들을 팔아서 세입을 잡는 거죠. 물론 반론도 있어요. 많이 팔면 그건 곶감 빼먹는 거라고요. 그래도 일단 세입을 확보해야 세출이 많거든요.

---

01 행정재산은 국유재산으로서 공용재산, 공공용재산, 기업용재산, 보존용재산으로 나뉜다. 공용재산은 국가가 직접 사무용·사업용 또는 공무원 주거용으로 사용하거나 사용하기로 결정한 재산이고, 공공용재산은 국가가 직접 공공용으로 사용하거나 사용하기로 결정한 재산이다. 기업용재산은 정부기업이 직접 사무용·사업용 또는 해당 기업에 종사하는 직원의 주거용으로 사용하거나 사용하기로 결정한 재산이다. 보존용재산은 법령이나 그 밖의 필요로 국가가 보존하는 재산이다. 행정재산은 공공의 목적으로 사용되는 재산이므로 특수한 공법상 규제를 받으며, 원칙적으로 매각·교환·양여·신탁 등의 방법으로 국가재산 소유권이 국가 외의 자에게 이전하지 못한다.

당시 시청에서 예산과의 위치가 어땠나요? 힘이 있는 부서였나요?

예산과가 그 당시에는 상당히 메리트가 있는 자리였어요. 왜냐하면 엘리트가 기획업무를 했거든요. 예산과에 근무한다고 하면 자부심이 높았죠. 왜냐면 돈 쓸 곳은 많아요. 그러면 돈 달라는 사람이 많은 거죠. 우리는 그걸 나눠주는 입장이니까요.

예산은 크게 보면 두 가지로 나눠요. 먼저 법정경비가 있어요. 법적으로 지출해야 하는 거죠. 공무원 급여나 사용료, 청소하는 데 들어가서 돈 같은 거예요. 그런 건 필수적이죠. 누가 가서 예산을 짜도 똑같은 예산이 들어가는 거예요. 다른 하나는 가용재원可用財源이에요. 이걸 해도 좋고, 저걸 해도 좋은 돈이죠. 그러니까 가용재원이 얼마인지가 예산의 핵심이에요.

예를 들어 구청장이 예산업무 보고를 받으면, 밑에 직원이 "세입이 얼마고 지출이 얼마입니다."라고 하겠죠. 그러면 구청장은 "가용재산이 얼마냐?"라고 물어봐야 해요. 기관장이 쓸 수 있는 돈이 그거거든요.

총리실과 서울시 예산과와의 관계

이번에는 예산안 심사에 대해서 질문을 드릴게요. 요즘 서울시 예산은 시의회에서 심의하는데요. 1970년대 당시에는 어디서 심의하였나요?

서울시 감독기관은 국무총리실이었어요. 국무총리실이 상급기관이라서 예산 심사와 조례 심사를 했죠. 국무총리실에 제3조정실이라고 있었어요. 거기가 서울시 담당이었죠.

서울시가 국가로부터 예산을 많이 받았나요?

국가로부터 받는 예산은 거의 없었어요. 예를 들면 노인에게 보조사업으로 뭘 해주라고 국가에서 돈을 내려주면 예산서에는 들어가죠. 그런데 그건 서울시하고는 관계없는 거죠. 그런데 대개 국가사업은 지방비 부담이에요. 지자체에서 도로를 건설하면 지방비에 국비를 플러스하는 거예요. 그런데 만약에 지방비가 없어서 그 사업을 못 하면 국비는 반납해야 해요. 보통 얘기할 때 자립도라고 있어요. 재정자립도 말이죠. 예를 들면 구청이 서울시로부터 받는 특별교부금[02] 같은 건 의미가 있는 거죠. 몇 년 전까지 구의회 같은

---

02 특별교부금은 국가가 지방재정의 지역 간 균형을 도모할 목적으로 지방자치단체에 교부하는 재원이다. 〈지방교부세법〉에 따르면 특별한 재정수요가 있을 때, 재정수입의 감소가 있을 때, 자치단체의 청사나 공공복지시설의 신설·복구·보수 등 사유가 있을 때 지방교부세 총액의 1/11을 지정하여 교부하도록 되어 있다.

데 가서 제가 강의를 해 줬어요. 예결에 대해서요. 전체 25개 구區 중에서 절반은 제가 교육을 해 줬을 거예요.

중요한 건 기관장이 실제 쓸 수 있는 돈이 얼마인지가 관건이네요.

예산은 그런 거예요. 그런 걸 잘하는 사람이 유능한 예산과장이죠. 만약에 예산을 짰는데 전부 법정비용이고 가용재원이 없으면 구청장 입장에서는 할 수 있는 게 없잖아요. 구청장이 욕심 많으면 예산을 따오라고 하거나, 교부금 더 받아오라고 시켜요. 제일 쉬운 방법은 재산을 팔아서 하는 거죠. 그래서 예산은 목표가 중요해요.

서울시 예산의 흐름과 편성 과정

예산과에서 일했을 당시 서울시에 세입이 충분했나요? 그러니까 많이, 혹은 제대로 걷히고 있었나요?

일단 흐름을 얘기할게요. 우선 내년도 쓸 예산 지침이 나와요. 예산변동지침이라고 해요. 봉급은 몇 퍼센트를 올려라 등등. 이건 누가 예산과장이든지, 누가 시장이든지, 불변이에요. 그다음에 나머지를 가용재원으로 쓰는 거죠. 어디에 어떻게 쓸 건지를 가지고 나누는 거죠.

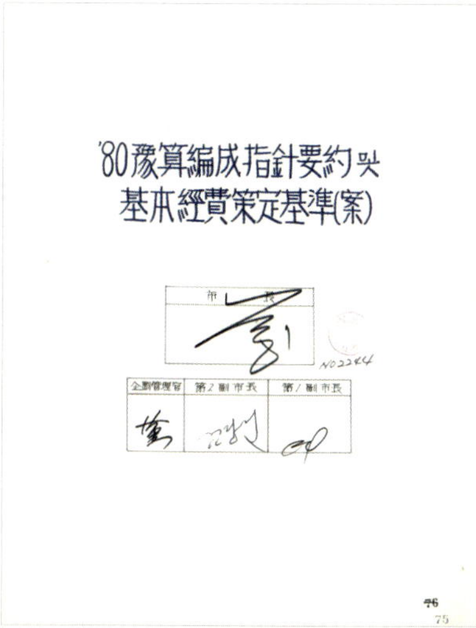
'80豫算編成指針要約 및
基本經費策定基準(案)

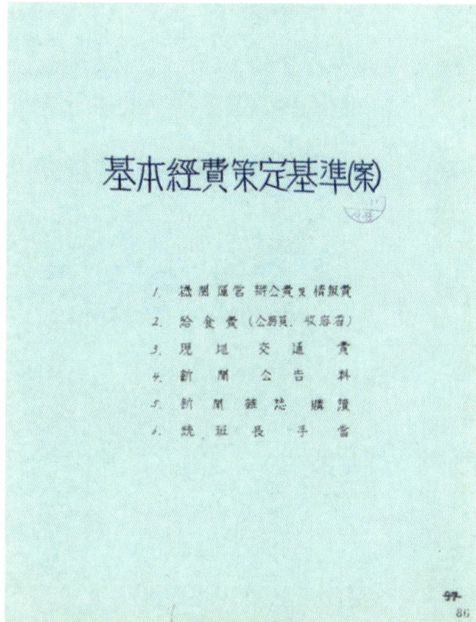
基本經費策定基準(案)

1. 機關運營 辦公費 및 情報費
2. 給食費(公務員, 收容者)
3. 現地交通費
4. 新聞公告料
5. 新聞雜誌購讀
6. 統班長手當

1980년도 예산편성지침안(1979년)

예산심의는 총리실에 했다고 했는데요. 그렇다면 서울시가 총리실 눈치를 많이 봤나요?

예산심의를 총리실에서 했죠. 비서관 몇 사람이 했어요. 총리실에서 절대권을 가지고 있던 거죠. 그러니까 총리실이 상전이었어요. 최고의 상전이었죠. 뭔가 서울시에 요청할 게 있으면 시장한테 얘기 안 하고 총리실에 얘기해서 압력을 넣기도 했어요. 도로를 놓는다든지, 업자들이 땅 개발을 한다든지 말이죠. 간혹 이 때문에 총리실과 마찰이 생기기도 했어요.

집행계획을 세울 때 우선순위는 없었나요?

집행계획을 세울 때 우선순위가 결정돼요. 그러면 1·2번은 3월에 하고, 4·5·6번은 5월에 하고, 그렇게 계획이 나오죠. 자금이 한 번에 다 들어오는 게 아니거든요. 이만큼 필요한 데 1월에 들어오고, 3월에는 이만큼, 5월에도 들어오고요. 분기별로 나와요. 그러니까 예산을 쓰면서 자금수급계획표를 먼저 봐야 해요. 예산을 집행해도 바로 집행되는 게 아니거든요. 만약 사업 주무과에서 공사를 하겠다고 요구를 해요. 그러면 예산과에서는 상반기에는 돈이 모자라니까 6월에 집행하라고 하는 거죠.

돈 들어오는 거 생각해가면서 사용해야 하는 거네요.

그렇죠. 그래서 예산은 전체를 다 볼 수 있는 안목을 가진 사람이어야 할 수 있어요. 일단 예산편성지침이 나오면 (각 부서들에서) 예산 요구를 받아요. 그런데 들어오는 요구를 받아보면 대개 총예산의 100% 이상 요구가 들어와요. 그러면 사업을 수행 못 하겠죠? 그러면 전문용어로 '도끼질'을 하는 거죠.

어떤 의미인가요?

나무 원목을 자를 때 도끼로 쳐내잖아요. 그것처럼 (요구하는 예산을) 쳐내는 거죠. 그 다음 '대패질'한다고도 그래요. 항상 예산은 한정되어 있는데 요구는 많아요. 예산과에서 볼 때 급하지 않은 것부터 우선 도끼질을 해서 잘라내요. 그러면 주무과에서는 이걸 넣으려고 노력을 하는 거죠. 그런데 (예산을) 넣어도 배정을 안 해주면 원인행위[03]를 못 해요. 지출원인행위를 해야 쓸 수 있거든요. 예산에 있다고 해서 모두 집행되는 게 아니거든요. 예산 배정이 수반돼야 해요.

돈이 있다고 다 쓸 수 있는 게 아니었군요. 배정이라는 단계가 필요한 거네요.

그러니까 예산과에서는 두 가지 권한을 갖고 있어요. 첫 번째는 예산을 편성하는 것, 두 번째는 예산을 배정해 주는 거예요. 예산배정이 없으면 업무 주무과에 집행하려고 해도 회계과에서는 계약을 못 해요. 예산서에 숫자가 적혀있다고 되는 게 아니라는 말이죠. 배정하면 회계과에서 그걸 보면서 집행을 하는 거예요.

예산의 편성과 시장의 영향력

예산을 편성할 때 시장 오더Order사업 같은 게 내려 올 때 문서로 오나요? 아니면 직접 불러서 말로 하나요?

지시사항이라고 있어요. 그런 것들을 우선순위에 넣는 거죠. 다음에 부시장 사안을 넣는 거고요. 그러면 누구 거는 빼야 해요. 밑에

03 지출의 원인이 되는 계약 및 이미 법령 또는 계약에 따라 발생한 지출 의무를 이행하기 위해 세출예산에서 지출하기로 결정된 행위를 의미한다. 지출원인행위는 법령의 범위 및 배정·재배정된 예산 내에서만 가능하다.

국장들이 세운 것부터 빼는 거죠. 그런데 그게 나중에 뒤집히는 일도 있어요. 밑에 사람 힘이 세면 시장실에 들어가서 그냥 요구하기도 해요. 설득하는 거죠.

중앙정부에서 내려오는 경우는 없었나요?

시장이 장관이랑 만나서 얘기를 나눌 수는 있겠죠. 어쨌든 우리 입장에서 볼 때 중앙에서 공식적으로 오더가 내려오는 건 없었어요. 우리가 예산을 세울 때 그런 건 거의 없었어요.

예산을 다루다 보면 보안을 지켜야 하는 것들도 있을 텐데요. 예를 들면 개발사업과 관련된 계획은 미리 공개되면 안 되잖아요. 그런데 예산을 짜려면 계획을 알고 있어야 하잖아요. 혹시 그런 기밀이 누설되거나 자료를 달라는 요구를 받은 적은 없었나요?

에피소드가 하나 있긴 해요. 큰 곤욕을 치른 적이 있어요. 남산3호터널이랑 반포대교랑 연결하는 일이었어요. 거기에 잠수교가 있죠. 실은 그게 전쟁이 나서 폭격을 맞아도 복구가 가능한 다리예요. 당시에 그걸 '녹지사업'이라고 했어요. 일종의 은어죠. 전쟁에 대비한 사업이었어요. 잠수교와 남산3호터널을 연결하는 걸로 기획했거든요. 소위 말하면 아주 고차원적인 예산인 거죠. 그런데 그게 청와대에 보고하기 전에 《한국일보》에서 보도가 됐어요. 남산3호터널을 뚫는다고 말이에요. 대서특필이 됐죠. 난리가 난 거예요. 큰 사업인데 대통령한테 보고가 안 된 상태였거든요.

건설 중인 남산3호터널(1978년)

그런데 그게 왜 선생님하고 관련이 있었나요?

그때 제가 그 사업의 관련된 건설비 편성을 담당하고 있었어요. 일단 그 사업을 추진하는 사람 중 누가 터트렸는지 감사를 받았어요. 보니까 기사를 쓴 기자가 저랑 동갑이에요. 게다가 고향도 같아요. 충북 괴산이에요.

다른 사람들이 볼 때 선생님이 누설한 거로 생각하겠네요.

조사도 받았어요. 그런데 그 기자는 4살 때 인천으로 가서 저랑 만난 일이 없었어요. 학교도 저랑 달라요.

아무 관련이 없는 사람이군요.

관련이 없는 사람인 거죠. 그러니까 저는 빠져나갔죠. 그래도 그때 고통을 많이 받았어요. 큰 사건이라 당시 건설국장이 책임을 지고 사표를 내고 그만뒀어요.

1970년대 서울시 예산의 중심축 변화

1970년대 당시 통계 자료들을 보면 서울시의 예산 증가율이 급격하게 증가했던 걸로 알고 있습니다. 현장에 계셨던 선생님께서는 예산이 급증한다는 걸 많이 느꼈나요?

액수가 늘어나긴 했어요. 그런데 절대가치가 늘어난 게 아니라 화폐 증가율이 높아서 그런 거예요. 그게 첫 번째였죠. 그다음에 인구가 늘어나는 게 반영되었어요. 우선 시세市稅가 늘어나요. 집을 하나 지으면 재산세가 늘어나죠. 건물이 늘어나고요. 그래서 항상 그 지방자치단체에서 소득증가가 얼마인지 알려고 하면 제일 먼저 보는 게 건축허가 신청 건수를 파악하는 것이에요. 건물이 늘어나면 재산세가 불어나고, 재산세가 불어나면 소득세가 불어나고, 그러면 영업세가 불어나거든요. 인구 증가와 예산 증가는 거의 비례해요.

세금은 모든 게 맞물려 있네요.

그렇죠. 비례하는 거죠. 그리고 당시 행정의 방향이 다 있었어요. 윤치영 시장까지 가장 강조한 것은 합법성이었어요. 법을 잘 집행하면 그게 잘하는 행정이라는 거예요. 법대로 하는 거죠. 그러다가 박정희 대통령이 개발을 시작하고 새마을운동을 하면서 능률성이 강조되죠. 똑같은 일을 가지고 얼마나 빨리하느냐, 북한에서는 김일성이 천리마운동하면서 초과 달성을 했다고 해요. 그래서 우리도 행정에 도입된 게 뭐냐면 목표지향적 행정이에요. 언제까지 하겠다는 거예요. 그러니깐 능률이 더 가치 있는 개념이 된 거죠.

빨리빨리 하는 거네요.

맞아요. 얼마나 빨리했느냐가 중요해요. 다른 데는 터널을 뚫는 데에 1년 걸리면 우리는 6개월 만에 끝내는 거죠. 그럼 그게 A급이에요. 성과를 빨리 냈다는 거니까요. 뭐 그땐 그런 게 많이 있었잖아요. 고속도로를 뚫는데 외국은 2년 걸리는 걸 우리는 6개월 만에 단축하고 말이죠. 능률성인 거죠.

그다음에 이제 방향이 됐던 게 효과성이에요. 새마을운동에서 시작된 거죠. 똑같은 시멘트를 줘도 다음에는 효과성 높은 순서로 골라서 더 줘요. 그러니까 서울시에서도 사업을 할 때 그전에는 그냥 법대로만 했어요. 그러다가 갑자기 강남개발이 되니까 제일 먼저 한남대교를 놓죠. 광진대교나 천호대교 같은 건 밀리는 거죠. 강남 쪽에 집중해서 만드는 거예요. 그리고 반포대교도, 영동대교도,

청담대교도, 막 놓는 거죠. 어떤 것을 먼저 해야 효과성이 좋겠느냐가 문제인 거예요. 그리고 그런 것을 고려해서 예산이 분배되는 거죠. 예산을 나누는 기준이 시대나 조건에 따라서 달라지는 거예요.

확장하는 서울의 모습과 예산과의 관계

당시 강남개발, 그러니까 영동개발이 한창 추진되었을 시기였는데요. 개발을 위해서 예산과에서 당시 어떤 일을 했나요?

그 당시 서울은 인구가 급속히 팽창하는 시기였죠. 기존에 있는 인프라나 시설로는 감당이 안 됐어요. 필연적으로 대형 건설이나 구획정리, 혹은 주택단지개발이나 교량 건설 같은 게 많이 요구된 시절이었죠. 그런데 재정수요는 한계가 있거든요. 그래서 소위 토지구획정리사업을 하게 돼요. 영동토지개발 구획정리사업을 하죠.

구체적으로 어떻게 예산을 조달하는 건가요?

그 지역에 투자하는 돈은 그 지역에서 수익을 잡아서 유치하는 거예요. 일단 영동을 건너가는 데에는 다리가 필요하죠. 그러면 한남대교나 반포대교와 같이 도심이랑 연결하는 것을 건설해야 하죠.

개발이 진행 중인 영동지구(1973년)

그런 건 일반회계[04]로 부담해요. 그렇지만 나머지 사업비는 몽땅 다 그 지역에서 나오는 수익으로 잡는 거예요. 예를 들면 그 지역의 큰 도로나 하수도 같은 거죠. 그 구획은 그려놓아요.

나머지는 사유지니까 대부분은 환지換地라고 해서 다른 땅을 줘요. 그런데 구획정리사업에서 소위 체비지替費地라는 게 나와요. 가장 큰 재원이에요. 그 지역에 100평이 있어요. 구획정리가 끝나면

04 일반회계는 조세수입을 주된 세입원으로 하여 국가·지방자치단체의 일반적 행정 업무 수행을 지원하는 예산회계를 말한다. 일반회계에서 세출은 국가의 존립과 유지를 위한 기본적 지출로 구성된다. 정부 예산안 편성과 국회 의결로 확정된다.

그 지분을 60%를 주는 거죠. 경우에 따라서는 50%나 30%를 주기도 해요. 대신 지역에 따라서 환가換價라고 해서 상업지역으로 편성된 지역에는 좀 더 좋은 땅을 주고, 주거지역에는 많은 땅을 주고, 그런 방식이에요. 그렇게 주고 나서 나머지에서 학교 땅을 확보한다든지 해요. 이렇게 해놓으면 나머지는 체비지로 팔아서 재원을 확보하는 거죠. 서울시에서는 그렇게 했기 때문에 별도로 많은 예산이 들어가지는 않았어요.

실제로는 돈이 많이 들어가지 않았네요.

일단 서울시 예산이 들어가고 다시 나가는 형식을 거치기는 하는 거죠. 그렇지만 별도의 재정 부담을 주지는 않은 거죠. 수익자부담으로 하는 거예요. 그러니깐 그거를 잘하면 유능한 시장이 되는 거죠. 과거에는 시장들이 그런 걸 잘 못 했어요. 그러다가 김현옥 시장이나 양택식 시장이 오면서 서울을 개발하기 시작했죠. 구자춘 시장도 그렇고요. '콘크리트 시장'이나 '개발 시장'이라고 했어요.

물론 고전은 해요. 돈이 못 쫓아가거든요. 그걸 이제 잘 배분하고, 활용하고 하는 게 예산과의 일이에요. 물론 주택재개발 특별회계[06]나, 지하철건설 특별회계, 토지구획정리사업 특별회계, 이런 것들은 자체 수입을 가지고 지출을 하지만, 운영하다 보면 특별회계에서 돈이 모자라기도 하잖아요. 그러면 일반회계에서 좀 지원해주기도 하고 그랬죠. 그럴 땐 시민 세금이 들어가기도 한 거죠.

그래도 영동개발에서 인프라 구성을 할 때 어떤 부분을 조금 더 강조했을 것 같은데요. 예를 들면 도로에 좀 더 예산을 투입한다든지, 상하수도에 좀 더 투입한다든지 말이죠.

제일 시급한 것이 도로와 교량이었죠. 남부순환도로를 만들 때 돈이 많이 들어갔어요. 왜냐하면 토지보상을 해주고 들어가야 했거든요. 그래서 아시아개발은행, 그러니까 ADB은행Asia Development Bank에서 융자를 받아서 했어요. 차관을 받아서 한 거죠. 이자는 싸게 했어요. 그렇게 했기 때문에 시민들의 부담은 별로 없던 걸로 기억해요.

차관을 얻을 때 예산과 직원들은 어떤 역할을 하나요?

예를 들면 차관 교섭을 할 때 이자율을 확정한다거나, 어느 회사로부터 받는다거나, 상환조건은 어떻게 한다거나, 그런 걸 담당하는 직원들이 있어요. 외자업무外資業務라고 해요. 예산과에 아예 외자관리계가 있었어요.

---

05 특별회계는 특수한 목적을 위해 일반회계와 분리해 수입과 지출을 독립적으로 관리하는 회계를 말한다. 예산통일의 원칙과 예산단일의 원칙에서 예외가 된다. 특별회계는 재정융자특별회계와 기업특별회계, 기타특별회계로 구분된다. 재정융자특별회계는 다른 곳의 재원을 빌려와서 다시 다른 곳에 빌려주는 회계로 각종 기금의 여유자금 등을 재원으로 지방상수도공사, 농업용수개발, 지하철건설 등 사업에 대한 융자로 지출된다. 기업특별회계는 철도·통신·양곡·조달 등과 같이 자체 사업으로 벌어서 쓰는 회계를 말한다. 기타특별회계는 특정한 수입을 특정한 곳에 사용하는 것으로 환경개선특별회계·특허관리특별회계·토지관리 및 지역균형개발특별회계 등이 있다.

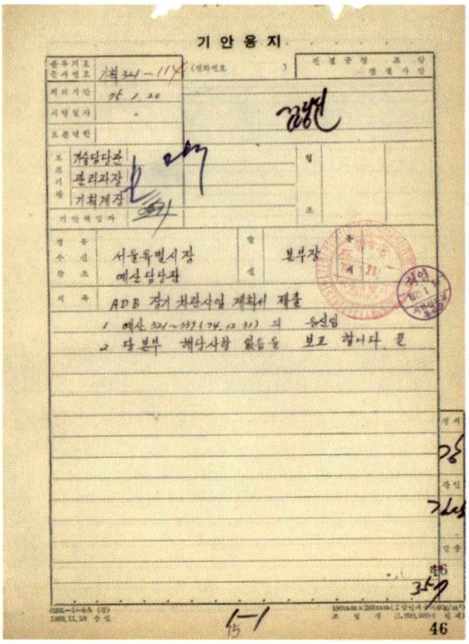

기 안 용 지

서울특별시장
예산담당관
ADB 장기 차관사업 계획서 제출

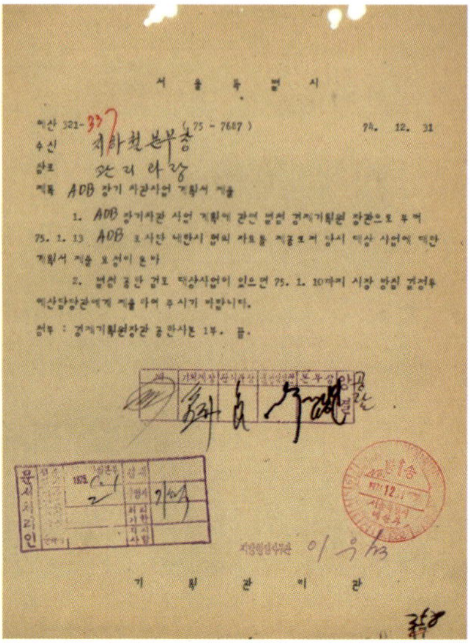

서 울 특 별 시

예산 321-337 (75 - 7687) 74. 12. 31

제목 ADB 장기 차관사업 계획서 제출

기 획 관 리 관

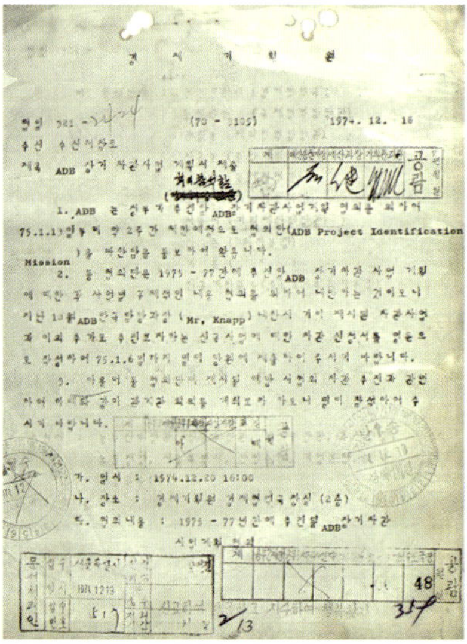

경 제 기 획 원

협업 321 - 1974. 12. 16

수신 수신처참조

제목 ADB 장기 차관사업 계획서 제출

(ADB Project Identification Mission)

가. 일시 : 1974.12.20 16:00

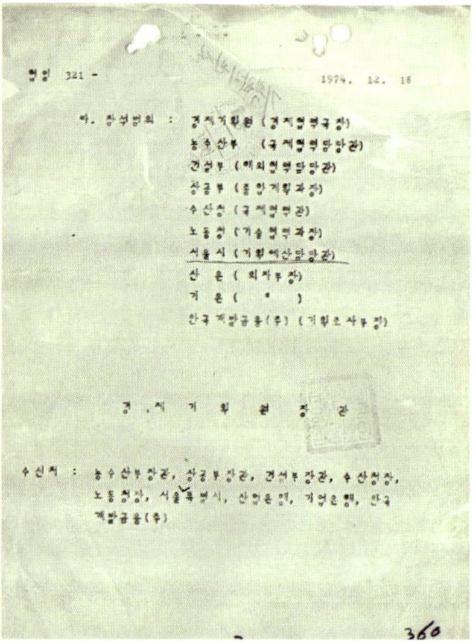

협업 321 - 1974. 12. 16

라. 참석범위 : 경제기획원 (경제협력국장)
농수산부 (국제협력담당관)
건설부 (해외협력담당관)
상공부 (종합기획과장)
수산청 (국제협력관)
노동청 (기술협력과장)
서울시 (기획예산담당관)
산 은 (외자부장)
기 은 (")
한국개발금융(주) (기획조사부장)

경 제 기 획 원 장 관

수신처 : 농수산부장관, 상공부장관, 건설부장관, 수산청장, 노동청장, 서울특별시, 산업은행, 기업은행, 한국개발금융(주)

ADB은행 차관 상환 관련 공문(1975년)

세수 확대를 위한 서울시 차원의 노력

이번에는 수입에 대해서 질문을 드릴게요. 서울이 개발되면서 각종 사업에 필요한 재원이 생겼을 텐데요. 그런 것들을 위해서 서울시 차원에서 수입을 확대하려고 노력한 부분이 있나요?

서울시도 약점이 있어요. 세입법정주의라는 게 있거든요. 남한테 돈을 받아들이는 건 법에 없으면 거둘 수가 없어요. 법적으로 세입은 한정이 있단 말이죠. 그러니까 세외수입에도 신경을 많이 쓰지요.

체비지 팔아서 나오는 돈 같은 거죠?

그것도 세외수입이죠. 그 외에도 하천 농토에 농사를 짓는다고 하면 하천사용료를 내요. 공원에 무허가 건물을 지었으면 도로점용료를 내야 해요. 그다음에 서울시 재산인데 불필요한 것들이 있어요. 서울시가 소유한 건물인데 딱히 쓸 데가 없는 것을 잡종재산雜種財産이라고 그래요. 그걸 막 파는 거죠. 관재과管財課가 그런 일을 담당해요.

혹시 재정확보를 위해서 특별히 하셨던 일이 있나요?

제가 세입 담당이었잖아요. 쓸 만한 돈을 만들어야 하죠. 세수를 확보하는 방안을 끊임없이 연구해 줘야 해요. 토지 등급을 높인다거나, 그러면 낼 세금이 높아지잖아요. 아니면 체납세금을 받아내는 거죠. 예를 들어 송파에 롯데월드가 하나 생겼어요. 이건 송파 구청에도 엄청난 재산이 되는 거죠. 재산세가 늘어나니까요. 강남구가 왜 중랑구나 다른 곳보다 자립도가 높겠어요? 강남은 땅값이 비싸고 건물도 많아요. 그러니까 건물에 대한 재산세가 많은 거죠. 강북의 10평하고, 강남의 10평은 값이 다르잖아요? 그럼 세금도 달라요. 그러니까 강남 쪽에는 세금이 비약적으로 많고 자립도도 높아요. 다른 데는 자기들 수입을 가지고는 직원들한테 월급도 못 줄 만큼 수입이 없어요. 재산 가치에 따라서 그래요.

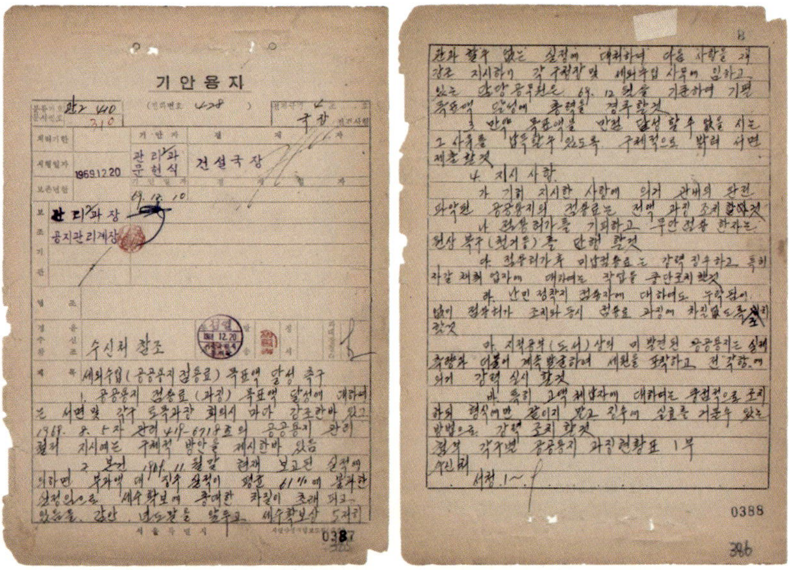

세외 수입 목표액 달성을 독려하는 문서(1969년)

1970년대 오일파동이 2차례 발생하는데요. 서울시 예산에 영향을 끼친 것은 없나요?

일반 시정하고는 별로 연관성이 없었어요. 물론 산업분야를 담당하는 곳에서는 굉장히 중요한 거겠죠. 어쨌든 예산하고는 별로 연관성은 없었어요.

예산과 공무원들의 특징과 조직 내의 분위기

서울시청의 다른 부서 공무원들도 그렇겠지만, 예산 관련 부서는 업무량이 많을 것 같아요. 1년 중 언제가 가장 바쁘셨나요?

예산과 직원들은 예산 편성할 때 1~2달 정도는 집에 못 들어갑니다. 일단 예산이 12월 초까지 확정되어야 하잖아요? 그러면 9월부터 11월까지는 거의 거기에 매달려요. 그때는 전부 수작업으로 했어요. 지금은 안 그렇겠지만요.

시장이나 누가 갑자기 사업을 하라고 하면 변경이 되나요?

그런 경우는 당연히 있죠. 예산을 다 짜놨는데 갑자기 시장이 어느 지역을 개발한다고 해요. 우리가 200억이라고 예산을 딱 짜놨는데, 시장이 따로 10억짜리 사업을 하라고 하는 거죠. 예산은 한정

되어 있으니까 더 만들 수가 없잖아요. 그러면 이제 그걸 막 짜내야 해요. "야, 숨겨놓은 예산 좀 내놔."라고 해요. 그래서 예산 담당자들은 그런 거에 대비해서 미리 좀 숨겨놔요.

예산을 따로 숨겨놓나요?

그렇죠. 없어도 좋은 쪽에 일종의 잔고를 하나 더 만들어 놓는 거예요. 그게 노련한 담당자거든요. 예산 내놓으라고 하면 줄 걸 갖고 있어야 해요. 죽여도 되는 예산이죠. 아니면 비교적 저항이 덜할 거, 그런 걸 죽이는 거죠. 그러고 나서도 (예산이) 남으면 과장이 판단하는 거예요. 뺄 거 빼고, 채울 거 채우는 거죠. 예산 쪽에서는 비일비재한 일이었어요.

그럴 때 주로 밀리는 사업들은 어느 쪽이었나요?

당시에 제일 많이 밀리는 건 복지사업 쪽이었죠. 그리고 많이 깎아야 한다고 하면 아예 건설사업비를 깎아요. 그냥 공사 하나를 안 하면 되거든요.

그러네요. 그냥 공사 하나를 안 하면 되는 거네요. 제일 간단하네요.

그렇죠. 공사 중에 큰 걸 내년도로 미룬다거나 하는 거죠. 청계천이나 한강 다리 보면 1년에 끝나는 건 없었어요. (예산이) 없어지면 공사 기한이 늘어나는 거죠. 그 돈은 급한 거에 막 쏟아붓는 거고요. 지방 가면 다리 교각만 해놓고 중단된 거 많을 거예요. 그게 다 예산이 없어서 그런 거예요. 예전에도, 지금도, 그런 게 많아요.

이번에는 예산과 직원들의 일상에 대해 질문을 드릴게요. 당시 야근도 많이 하셨을 텐데요. 예산과 특유의 분위기라는 게 있었나요?

당연히 있죠. 엘리트 의식이 있었어요. 예산과의 주사는 기술국의 사무관事務官하고 맞먹는 거예요. 왜냐면 예산과 주사는 그쪽 기좌技佐하고 상대하거든요. 들락거리는 건 계장이나 과장이거든요. 사무관이나 서기관급이죠. 그러니까 우리 쪽은 주사니까 저쪽의 계장이나 과장보다는 1~2단계 밑이지만 그들하고 맞먹는 거죠.

업무상 다른 부서의 관리직들하고 상대해야 하는 일이 많으니까 그렇겠네요.

그 정도로 프라이드가 있었죠. 그러니까 다른 부처 직원들이 볼 때 꼴 보기 싫기도 할 거예요. 그쪽에서는 "아이, 죽일 놈"이라고 할 수도 있죠. 물론 예산과에서는 프라이드가 있으니까 그런 것은 이제 눈에 보이지도 않죠.

그런데 공무원은 순환보직이잖아요. 그럼 예산과 직원이었다가 다른 부서로 가면 좀 더 편하게 잘 대해주나요?

예산과 출신은 몇 년간 봐준다는 말이 있어요. 운수과 같은 데는 6개월만 지나면 안 봐주거든요. 그런데 예산과는 끈질기게 봐줘요. 소소한 걸 도와주죠. 딴 부서로 옮긴 직원들을 위해서 큰 프로젝트 같은 건 아니지만 그래도 그쪽의 업무추진비를 좀 올려준다든지, 회의할 때 먹는 밥값을 올려주는 거죠. 정보비 같은 것도 챙겨주죠. 영수증 없이 쓸 수 있거든요. 그래서 원래 정보비는 감사과 같은 곳이나 필요한 돈이거든요. 예산과 출신이기 때문에 이제 덕을 봤던 거죠. 지금 보면 부조리일 수도 있어요. 그렇지만 당시에는 눈에 안 보이는 예산과 직원들끼리의 나눔이었죠.

선생님이 계셨을 당시 예산과 조직은 어떻게 이뤄져 있었나요? 그리고 예산과 내에서도 좋은 자리가 있었을 텐데요. 선생님이 보시기에 당시 예산과 내에서 좋은 자리는 어디였나요?

일단 저는 총괄계로 갔어요. 거기는 세입 업무와 부서 서무 일을 봐요. 그리고 세출 분야가 있어요. 주관이 세출1계, 세출2계죠. 1계는 내무국하고 기획관리부 쪽 예산을 봐요. 그리고 2계에서는 녹지국이나 토목건설 쪽 예산을 보죠. 구획정리과나 토목과 쪽이에요. 거기가 굉장히 좋은 자리예요. 그쪽은 자리가 나면 서로 가려고 했어요. 저 같은 경우에는 1년 만에 그쪽으로 가서 건설비를 만졌어요. 행운아였죠.

건설비 분야를 다루는 게 왜 좋은 건가요?

일단 건설비 쪽은 다루는 예산이 크고 많아요. 그쪽으로 예산이 모이는 거죠. 쪼잔한 돈 모아봐야 얼마나 하겠어요? 천호대교나 반포대교 같은 거 사업하면 액수가 크잖아요. 밥을 한 끼 얻어먹어도 커요.

예산배정시한제를 제안하다

예산과에서 일할 때 본인이 '이건 내가 잘했다.'라고 느낀 일은 어떤 게 있었나요?

예산과로 예산서를 가져오면 배정을 해줘야 해요. 예산배정을 해줘야 집행이 되거든요. 해당 부서에서는 급하다고 빨리 좀 해달라고 하죠. 그런데 보니까 우리 직원들이 그걸 안 해주고 있는 거예요. 힘든 일은 손 놓고 있는 거였죠. 제가 보니깐 해 줘야 하는데 말이죠. 일종의 골탕 먹이기를 하고 있었던 거죠. 아니면 은근히 뭐라도 기대하는 게 있을 수도 있었고요.

총괄계에 있을 때 그게 굉장히 사람답지 않게 보이더라고요. 그래서 제가 예산배정시한제豫算配定時限制를 만들었어요. 예산서가 오면 3일 이내에 무조건 배정하라고 했어요. 정당한 사유가 없으면 말이죠. 협의 같은 거 사인하는 건 즉시 해주라고 하고요. 덕분에 예산배정을 담당하는 창구 사람들은 제가 미운 거죠. 물론 서울시 차원에서 보면 유리한 거예요. 그런데 그게 나중에 제 발목을 잡더라고요.

창구 쪽 직원들이 선생님을 싫어해서요?

그건 아니고요. 제가 그 자리로 갔어요. 거기로 가니까 제가 만들어 놓은 거에 발목이 잡히더라고요. 법은 아니고 방침이지만 말이에요.

예를 들면 어떤 일에서 발목을 잡혔나요?

제가 3일 이내에 하라고 했잖아요. 그런데 배정은 사람이 판단하는 시간도 있어야 해요. 보니까 3일을 넘겨서 오더라고요. 제가 스스로 발등을 찍은 셈이었죠. 그래도 제가 만든 제도니까 제가 지켜야죠. 좋겠다고 만들었는데 결과적으로 보니까 괜히 한 거 같더라고요.

총괄계에서 볼 때랑 실제 창구에서 예산을 배정할 때랑 다른 느낌이었군요.

예, 맞아요. 추진력 있게 했지만 그랬던 거죠.

회계과 근무 당시의 일상

1980년대에는 회계과 지출계장을 하셨는데요. 그쪽은 어떤 일을 하나요?

공사가 끝나고 준공검사까지 다 했으면 돈을 줘야겠죠. 그 자금을 지출해 주는 게 지출계장이 하는 일이에요. 그리고 옛날에 자금이 밀릴 때에 그 자리가 굉장히 이권 남용할 수 있는 자리였어요.

배정된 자금을 실제로 집행하는 자리라서 그런 건가요?

은행에 돈을 지급하는 거를 금권金券이라고 해요. 돈을 주라는 도장을 찍는 거예요. 그런데 공사가 중간까지만 하면 서류가 접수돼요. 그러면 정산지출定算支出이 돼요. 심사하고 계약계契約係에 가서 도장을 찍어주면 지출계支出係로 넘어와요. 지출하라고 말이죠. 그런데 지출계에서 하루를 끌면 기업의 손해가 얼마겠어요? 공사는 작은 것도 몇십억이잖아요. 지출계장은 자금이 현출現出에 있은 상태여야 줄 수 있어요. 이게 없으면 못 나가요.

돈이 없으면 지출계장이라도 줄 수 없는 거네요.

아까 회계가 일반회계랑 특별회계가 있다고 말했죠? 만약 일반회계에는 자금이 없고 특별회계에는 돈이 많다고 생각해 봐요. 그러면 지출계장은 특별회계 돈을 일반회계로 돌릴 수가 있어요.

그런 권한을 가지고 있었군요.

물론 국장이 싸인을 해줘야 해요. 그래도 그 권한 자체는 어쨌든 계장이 가지고 있는 거죠. 그런데 서울시 전체에 자금이 떨어질 이유가 없잖아요. 돈은 항상 있어요. 예를 들어서 종로구청에서 10억을 보내달라고 배정요구를 해요. 이걸 바로 보내주면 여기서 아쉬움이 없겠죠. 그러니까 담당자들은 10억을 바로 안 주고 "자금 없다. 버텨."라고 말해요. 그러면 어떻게 하겠어요? 찾아와야죠. 찾아오면 그냥 맨입으로 오겠어요? 뭐라도 들고 오죠.

각 구청에서의 활동과 성과

본청에서 지출계장을 하다가 구청으로 가셨는데요. 어디로 가셨나요?

먼저 강동구청 소속 송파구청 개청준비반장으로 갔지요. 그러다가 송파구가 개청하면서 거기 총무과장이 되었지요. 개청준비반장이라는 직함으로 갔다가 초대 총무과장을 했어요.

1988년 송파구가 처음 만들어질 당시 특별히 신경 쓰던 부분들이 있었나요?

일단 임시청사를 꾸려서 청사를 개청해요. 직원은 1,000여 명 정도 됐어요. 그네들 받아서 배치해 주는 거죠. 싸인은 윗사람이 하겠지만 작업은 총무과장이 해야 하거든요. 그리고 임시임대 청사였는데 정식 구청 자리도 정해야 해요. 그때 저는 대지가 넓은 경찰병원 자리가 좋다고 생각했어요.

지금 송파구청이 있는 잠실 쪽이 아니라 그쪽이 조건이 더 좋았나요?

넓었어요. 주차장 확보도 좋았고요. 물론 그때는 2호선 밖에 없었으니까 잠실이 좋았죠. 지금은 경찰병원 쪽도 3호선 지하철이 다니긴 해요.

송파구청 개청식(1988년)

구청 예산과 시청 예산의 차이점

이번에는 성동구 건설국장이랑 재무국장을 했을 시기에 대해 질문을 드릴게요. 업무를 하면서 시청이랑 구청이랑 어떤 점이 다르나요?

본청에서 서울시 예산 전체를 다룰 때는 민감해야 해요. 그런데 구청에서는 그렇게까지 민감하지 않아도 되죠.

구청도 뭔가 하려면 예산이 필요하지 않나요?

세부적인 예산은 신경을 쓰죠. 예를 들어 구청에서 총무과장이나 총무국장이 구區 체육대회를 하는데 동사무소마다 500만 원씩 처리해준다든지 말이죠. 그렇지만 그게 시정市政에 영향을 미치지는 않죠. 제가 아니어도 똑같아요. 제가 주도적으로 뭔가를 크게 변화시킬 수 있는 자리는 아니죠.

구청 차원에서 예산을 따오거나 하는 건 없나요?

구청에서도 예산을 편성하고 각 과課가 집행을 하죠. 그런데 대개는 법정경비예요. 사소한 것들이 많죠. 대신에 구청에서 여성회관을 짓는다고 하면 그건 구청장의 방침이죠.

본청에서 시장의 의중을 파악해야 하듯이 구청에서는 구청장의 의중을 파악해야겠네요.

그렇죠. 구청장 의중을 파악해야 하죠. 그게 중요하죠.

민선 구청장이라는 점도 작용하나요?

맞아요. 어떻게 보면 구청장은 대통령과 똑같아요. 구청장의 의중이 구정區政을 꾸려가는 거예요. 예산편성은 100% 구청장 의중에 의해서 이루어지는 거니까요.

구의회와의 관계는 어떤가요?

구청에서 견제하는 기능이 구의회에 있기는 해요. 그래도 대개는 구청장이 하자는 대로 가요. 구의회에서 마찰이 좀 있기도 하고, 변경이 있기도 하지만 대부분은 구청장 의도대로 가는 거죠. 물론 저 같은 국장들이 구의원들을 설득하고 해야죠.

네, 좋은 말씀 감사합니다. 인터뷰는 이것으로 마치겠습니다.

도판목록

※ 표기하지 않은 도판은 공공저작물 또는 서울역사편찬원 소장 이미지입니다.

서울역사구술자료집 15

서울은 지금 공사중

– 서울을 바꾼 공무원들 이야기

발 행 인	서울역사편찬원장 이상배
발 행 처	서울역사편찬원(http://history.seoul.go.kr) 서울특별시 송파구 올림픽로 424 올림픽공원(02-413-9622)
기획·편집	박명호(시사편찬과장), 류상진, 김현정
발 행 일	2022년 11월 30일
판 매 가	10,000원
편집·인쇄	도서출판 이른아침(031-908-7995)

발간등록번호	51-6113542-000085-01
ISBN	979-11-6071-155-4 978-89-94033-11-2 (세트)